Ernst Schrupp

ISRAEL in der Endzeit

Heilsgeschichte und Zeitgeschehen

R. BROCKHAUS

R. Brockhaus Taschenbuch Bd. 465

In dankbarem Gedenken an *Erich Sauer,*
den Lehrer der Heilsgeschichte;

gewidmet meinen Kindern und Enkeln
und den Bibelschülern in Wiedenest.

3. Auflage 1992

Umschlaggestaltung: Carsten Buschke, Solingen
Gesamtherstellung: Breklumer Druckerei Manfred Siegel KG
ISBN 3-417-20465-8

Der Herr wird dich segnen aus Zion.
Schalom über Israel!

Psalm 128,5.6

Das Emblem des Staates Israel

Das offizielle Emblem des Staates, für das man sich im Jahre 1949 entschied, ist die Menorah, oder Leuchter, das uralte Symbol des jüdischen Volkes, wie es auf dem Titus-Bogen in Rom zu sehen ist. Die Menorah wird von zwei Olivenzweigen umrankt, die unten durch die Inschrift »Israel« in hebräischer Schrift verbunden sind. Die Olivenzweige versinnbildlichen die uralte Friedenssehnsucht des jüdischen Volkes. Seit der Zeit, in der eine Taube, die ausgesandt wurde, um Land zu finden, mit einem Olivenzweig im Schnabel zu Noahs Arche zurückkehrte, ist dieser gleichbedeutend mit Frieden (1. Mose 8,11).

Die Flagge Israels

Im Oktober 1948 bestimmte der Zeitweilige Staatsrat die Farben blau und weiß mit dem Davidsstern zur Flagge Israels. Diese Flagge wurde am 11. Mai 1949 am Lake Success in New York gehißt, als Israel als 59. Mitglied in die Vereinten Nationen aufgenommen wurde.

Der Entwurf ist der gleiche wie der der zionistischen Flagge, die beim Ersten Zionistischen Kongreß in Basel im Jahre 1897 benutzt wurde. David Wolffsohn, der berühmte Zionistenführer, der 1905 die Nachfolge Theodor Herzls als Präsident der Zionistischen Weltorganisation antrat, spielte bei der Entstehung dieses Entwurfs eine wichtige Rolle. Hier Wolffsohns eigener Bericht über die Geburtsstunde der Zionistenflagge:

»Auf Geheiß unseres Leiters Herzl kam ich nach Basel, um die Vorbereitungen für den Zionistischen Kongreß zu treffen und für seinen erfolgreichen Verlauf zu sorgen. Eines der zahlreichen Probleme, die mich beschäftigten, enthielt etwas von der Substanz des jüdischen Problems: Mit welcher Flagge sollten wir die Kongreßhalle schmücken? . . . Dann kam mir ein Gedanke. Wir haben eine Flagge – sie ist blau-weiß. Der Tallit (Gebetsschal), den wir beim Gebet umlegen: Dies ist unser Symbol. Diesen Tallit wollen wir aus seinem Beutel nehmen und ihn vor den Augen Israels und der ganzen Welt entrollen. Und so bestellte ich eine blau-weiße Fahne mit dem Davidsstern.«

INHALT

Israel heute (aus: Frankfurter Rundschau, bzw. idea-spektrum 19/90)

I. Deutschland und die Juden

> »Es gibt keine Freiheit dort, wo nicht der vollen Wahrheit freie Bahn gegeben wird. Es kann uns nicht vergeben werden, und in unseren Seelen kann nicht Frieden herrschen, solange wir unsere Schuld nicht eingestehen.«
>
> Der tschechoslowakische Präsident Vaclav Havel in seiner Festrede zur Eröffnung der Salzburger Festspiele 1990 im Beisein der beiden Präsidenten Richard von Weizsäcker und Kurt Waldheim.

Als im Oktober 1990 die Steine vom Tempelberg herab auf die betenden Juden an der Klagemauer fielen und gleich darauf die Schüsse durch den dreimal heiligen Tempelbezirk peitschten, war der sensationelle Israel-Besuch der beiden deutschen Parlamentspräsidenten drei Monate vorher vergessen: 22 tote Palästinenser, etwa hundert Verletzte – der Weltkirchenrat verurteilte Israel und sah im Palästinenseraufstand »schöpferischen Geist« am Werk; die gesamte Weltpresse – und so natürlich auch die deutsche – beschuldigte Israel; vorwurfsvolle Distanz in allen Nachrichten, das Fernsehen ergreift Partei mit entsprechenden Bildern. Kaum jemand hörte auf die Stimme Israels und jener Augenzeugen, die – nicht entschuldigend, aber erklärend – auf die Nervosität hinwiesen, die an jenem Laubhüttenfest in Israel herrschte und auf die gerade an diesem Festtag von den jungen Palästinensern aufgereizte Stimmung, die sich im Angriff auf die Beter entlud. Wer dachte da noch an die Worte der damaligen Volkskammerpräsidentin Sabine Bergmann-Pohl, als sie von der doppelten – moralischen und politischen – Last sprach, die sie stellvertretend mit sich herumtrug. Wer dachte noch an ihre Erklärung vor der Volkskammer in der ersten Sitzung nach den freien Wahlen: »Wir bitten die Juden in aller Welt um Verzeihung ... Wir bitten das Volk in Israel um Verzeihung für Heuchelei und Feindseligkeit gegenüber dem Staat Israel und für die Verfolgung und Entwürdigung jüdischer Mitbürger auch nach 1945 in unserem Land.«[1]

Die Welt träumte vom Frieden, bis Saddam Hussein die Städte Israels bombardierte und mit unkonventionellen Sprengköpfen Israel so zu zerstören drohte, daß kein Platz für ein Grab mehr übrigbliebe. Nun dachte auch bei uns niemand mehr an die Feierstunden zum 45. Jahrestag des Kriegsendes am 8. Mai 1990 mit all ihren beschwörenden Reden. Das große vereinigte Deutschland stand da und schämte sich: Nicht nur, daß wir wie die halbe Welt damals dem Irak geholfen hatten, sich gen Osten zu behaupten – unsere konjunkturbeflissene Industrie entdeckte die schwarzen Schafe in den eigenen Reihen, die jetzt noch das Embargo gegen den Irak unterliefen und damit dessen gefürchtete Waffenarsenale, die nun gegen Israel gerichtet waren, mit aufgebaut hatten.

Die Opfer der NS-Gewaltherrschaft wurden uns ins Gedächtnis zurückgerufen – alle waren wir in den Verdacht gefährlicher Vergeßlichkeit geraten.

Auf dem ebenfalls im Mai 1990 stattfindenden Jüdischen Weltkongreß in Berlin betonte Edgar Bronfman, der Präsident des Kongresses, ein vereintes Deutschland müsse für alle Zeiten ein besonderes Verhältnis zu Israel unterhalten. Israel sei aus der Asche des Holocaust geboren worden (der neue Staat wurde am 14. Mai 1948 im Lande Israel gegründet), und die Deutschen dürften niemals jenen helfen, die den jüdischen Staat zerstören wollten.[2] Nun war es doch geschehen. Nicht »die Deutschen«, aber Deutsche hatten jenen unversöhnlichen Feinden Israels geholfen, und der Schaden war groß. Obwohl Staatspräsident Saddam Hussein wie Ali Khamenei, der oberste geistliche Führer Irans, und Syriens Staatschef Assad in Israel weiterhin ihre »Hauptgefahr« sahen, waren deutsche Firmen an der Aufrüstung der arabischen Staaten, sogar an der Giftgasherstellung im Irak, beteiligt. Laut Khamenei und anderen islamischen Führern blieb der Kampf gegen Israel das Hauptziel der islamischen Welt: Das »illegale zionistische Regime« müsse von den »revolutionären Kräften« der moslemischen Welt angegriffen werden.[3] Dieser Kampf galt als »Djihad«, als »Heiliger Krieg« im Namen Allahs.

Die Vereinigung der beiden deutschen Länder löste in Israel Unbehagen aus. Beim Staatsakt am 3. Oktober 1990 sprachen die Parlamentspräsidentin und der Bundespräsident zwar von der »geschichtlichen Verantwortung der Deutschen« und dem »Gedenken an die Opfer«. Sabine Bergmann-Pohl erwähnte Auschwitz als »immerwährende Mahnung für uns, die Geschichte nicht zu vergessen«. Richard von Weizsäcker nannte den »Holocaust« das »schrecklichste aller Verbrechen«. Doch seinen Satz: »Inmitten unserer europäischen Nachbarschaften hatte uns das Schicksal in den letzten vierzig Jahren geteilt«, kommentierte die Allgemeine Jüdische Wochenzeitung, das Presseorgan des Zentralrates der Juden in Deutschland, mit dem Hinweis: »Das ›Schicksal‹ war es wohl nicht.«

Der zu gleicher Zeit ergangene Beschluß der Bundesregierung, Juden aus der Sowjetunion »zunächst« und »vorerst« nur in sehr geringer Anzahl aufnehmen zu wollen, obwohl sie teilweise deutscher Herkunft sind, hat der Zentralrat scharf kritisiert: »Wann wird in Deutschland die Sache der Juden endlich ganz gewonnen sein?«[4] Inzwischen wurde der betreffende Beschluß korrigiert.

Wir dürfen die Augen nicht davor verschließen, daß es in Europa eine »neue Welle von Antisemitismus« gibt mit verbalen und handgreiflichen Ausschreitungen gegen Juden vom Atlantik bis zum Ural. »Antisemitismus ist jetzt offen sichtbar in der politischen Arena«, hat das Londoner Institut of Jewish Affairs kürzlich in einem Bericht festgestellt. Der Schriftsteller und Nobelpreisträger Elie Wiesel, ein Überlebender von Auschwitz, sagte unlängst: »1945 war ich überzeugt, daß mit Auschwitz der Antisemitismus untergegangen war. Doch dann mußte ich erkennen: Die Juden sind in Auschwitz untergegangen, nicht der Antisemitismus.«[5] Er tritt heute auch von anderer Seite auf.

Im »Grünen Kalender« 1983 konnte man lesen: »Kauft nicht bei den Juden, weil der jüdische Unrechtsstaat (Israel!) eine aggressive Politik im Nahen Osten betreibt, Kernkraftwerke bombardiert, fremdes Land besetzt, die dortigen Einwohner schikaniert und ermordet . . . Angesichts der zionistischen Greueltaten verblassen die Nazigreuel« (!).[6] Es wird in Deutschland versucht, die Massenvernichtung der Juden in ihrer Schrecklichkeit herunterzuspielen, so im Feilschen um die Zahl der Ermordeten, als ob dem Grauenhaften durch den Abzug einiger Hunderttausend oder auch Millionen Opfer etwas von seiner Unheimlichkeit und Einmaligkeit in der Geschichte genommen würde. Der Vorsitzende des Zentralrates der Juden in Deutschland, Heinz Galinski, der selber ein Überlebender des Holocaust ist, sieht durch diese »Zahlenspekulation« die Opfer von Auschwitz verhöhnt[7], obwohl auch er für unbedingte Korrektheit in den Zahlenangaben eintritt. Hermann Hesse warnte bereits 1958 die deutsche Jugend eindringlich davor, die Augen vor dem so »unheimlich folgerichtigen Ablauf der deutschen Geschichte zwischen 1933 und 1945« zu verschließen: »Das Buch vom Dritten Reich und den Juden spricht eine Sprache, vor der jede Phrase verstummt.« Jean Paul Sartre unterstreicht dies so: »Was der Antisemitismus wünscht und vorbereitet, ist der Tod der Juden.«[8]

II. Das Geheimnis Israel

> »Denn ich will nicht, Brüder, daß euch dieses *Geheimnis* unbekannt sei, damit ihr nicht euch selbst für klug haltet!«
> Römer 11,25

Das Thema »Israel« ist viel umstritten und zieht in Theologie und Politik nicht geringe Emotionen auf sich. Es ist der Welt ein Rätsel, dem widerstanden wird.

Auch die Bibel nennt Israel ein *Geheimnis*, was den Christen, der Gemeinde Jesu Christi, nicht unbekannt ist, über das sie allerdings auch nicht einfach hinwegsehen dürfen.

Im vielleicht bekanntesten Brief des Neuen Testamentes, dem Römer-Brief, widmet der Apostel Paulus diesem Thema drei ganze Kapitel (Röm. 9–11). Diese heilsgeschichtliche Mitte des Briefes handelt von Israel und dem Verhältnis zwischen Israel und der Gemeinde Christi. Hier wird deutlich, daß Gottes Geschichte mit seinem erwählten Volk weitergeht und nicht mit der Gemeinde aufgehört hat. Aber eben diese heilsgeschichtlichen Israel-Kapitel sind wenig bekannt, und in der Theologie werden sie sehr kontrovers behandelt. Es besteht Unsicherheit über die Stellung Israels innerhalb des göttlichen Heilsplanes.

Aus der Bibel Alten und Neuen Testamentes geht die Rolle Israels als Volk Gottes deutlich hervor. Professor Markus Barth, der Sohn Karl Barths, betonte 1973 auf einer Zusammenkunft von Theologen im Libanon, daß die Rückkehr des jüdischen Volkes in das Land der Verheißung nach dem Heilsplan Gottes vorgesehen sei und von der christlichen Kirche als theologisches Faktum akzeptiert werden müsse.[9] Karl Barth selbst hatte schon nach dem Sechs-Tage-Krieg (5.–10. 6. 67) deutlich zum Ausdruck gebracht, daß die Ereignisse in Palästina 1948 (Gründung des Staates Israel) »eine Wiederholung dessen seien, was die Bibel über den Einzug des Volkes Israel ins verheißene

Land erzählt . . . Wir können es jetzt in den Zeitungen lesen: Gott hält seine Verheißungen und hilft seinem Volk«. Schon früher (1962) hatte sich Karl Barth in diesem Sinne geäußert: »Das Wiedererstehen Israels jetzt als Volk im politischen Bereich, ja als Staat, muß wohl ein Wunder genannt werden von allen, die Augen haben zu sehen.«

Auf einer Konferenz im Libanon (September 1975) vertrat der orthodoxe Metropolit Khodr aber die Ansicht, mit der endgültigen Offenbarung in Jesus Christus sei die Heilsgeschichte des jüdischen Volkes ein für allemal abgeschlossen. Es sei deshalb unmöglich, noch von einem besonderen Platz des jüdischen Volkes neben der Kirche zu reden.

Auch die römisch-katholische Kirche nimmt an der Existenz Israels als Staat Anstoß. Nach der gängigen katholischen Sicht hat der Staat Israel keine Rolle in der Heilsgeschichte. »Die Rolle Israels beschränkt sich auf die Periode des Alten Testamentes und ist somit beendet.«[9] Israel ist bis heute vom Vatikan nicht als Staat anerkannt. Der gegenwärtige Papst Johannes Paul II. empfing jedoch Yassir Arafat als Chef der PLO und Widersacher Israels.

Der griechisch-orthodoxe Befreiungstheologe Melkiten Geries Sa'ed Khoury schreibt in seinem Buch »Intifada des Himmels und Intifada des Landes« (übersetzter Titel des in arabischer Sprache erschienenen Buches), daß mit Christi Geburt alle Verheißungen an Israel ungültig seien. Sie gälten nur noch den Christen. Die Aufgabe der Kirche bestehe heute darin, »im Namen Christi« den Freiheitskampf der Palästinenser mit Rat und Tat zu lenken und für den »Exodus der Juden aus Palästina sowie für die Verwirklichung eines arabischen Palästina-Staates auf diesem Territorium« einzutreten. Nur dadurch könne es einen »wirklichen Frieden im nahen Osten« geben. Mitte 1989 bereits verpflichtete sich auch der Ökumenische Rat der Kirchen auf seiner zehnten Weltmissionskonferenz in San Antonio/USA, die Intifada der Palästinenser »in den von Israel besetzten Gebieten zu unterstützen«.[10] Evangelische Akademien in Deutschland wollen die aggressive »palästinensische Theologie«, die sich gegen Israel richtet, verbreiten. Sie haben u.a. Geries Sa'ed Khoury dazu eingeladen, ebenso den anglikanischen Pastor Naim Ateek, der die Bibel im Sinne dieser Theologie umschreibt: Die Israeliten der hebräischen Bibel, die Träger der Verheißung, seien heute die Palästinenser.[11]

In einer jüdischen Wochenzeitschrift stand zu lesen: »Wir müssen ganz deutlich sagen, daß die Zukunft des jüdischen Volkes nicht in der Diaspora, sondern in Israel liegt. Wenn die Kirche gegenüber einer harmonischen Existenz Israels gleichgültig und von den diesen Staat bedrohenden Gefahren unbeeindruckt bleibt, wenn sie der arabischen Erpressung nachgibt oder sich von Drohungen überwältigen läßt, wenn sie vorgibt, als seien die Bindungen der Juden an Israel zufälliger und nicht organischer Natur, dann ist ein wahrer, fruchtbarer und hoffnungsvoller Dialog vollkommen ausgeschlossen.«[12]

Der bekannte Schriftsteller und Religionswissenschaftler an der Hebrew University in Jerusalem, Professor Schalom Ben Chorin, vermerkt dankbar die Stimmen der Zuwendung und Zeichen der Solidarität, wobei er feststellt: »Wiederum zeigt es sich, daß nicht bei den offiziellen Würdenträgern, sondern bei einfachen Christen, die mit der Bibel umgehen, unsere Freunde anzutreffen sind.« In Sacharja 2,8 sagt Gott, der Herr, von seinem Volk: »Denn wer euch antastet, tastet meinen Augapfel an.« Ein Theologe, Roy Eckardt, sagt dazu: »Jeder Versuch, die göttlichen Verheißungen an Israel – dazu gehören auch die Landverheißungen – aufzuheben, wirkt sich theologisch selbstzerstörerisch für die christliche Gemeinde aus.« Im Blick auf das Thema Israel, dieses »Geheimnis«, sind wir Christen nach unserer eigenen Heilsgewißheit und unserer Haltung zur Heiligen Schrift gefragt: »Wir vernichten die Fundamente unserer Gewißheit, wenn wir die Zuverlässigkeit der Zusagen Gottes in Zweifel ziehen.«[12]

Die weit verbreitete Spiritualisierung der Heiligen

Schrift, vor allem des Alten Testamentes, überträgt die Aussagen über Israel auf die christliche Kirche. Erich Sauer wendet sich energisch gegen diese »Vergeistigung«: »Wer gäbe uns das Recht, aus den Juden einfach Christen, aus Jerusalem die Gemeinde, aus Kanaan den Himmel zu machen? ... Nirgends lehrt die Schrift, daß der Bund Gottes mit Israel mit der Zerstreuung dieses Volkes unter die Nationen endgültig aufgehört habe. Nirgends erklärt sie, daß mit der Erfüllung und damit Aufhebung der ritualen Gottesdienstbestimmungen des alttestamentlichen Gesetzes nun etwa auch alle Sonderverheißungen an das Volk Israel aufgehoben und nun gleichsam auf einer höheren Ebene, in der Gemeinde Christi, zur ›Verklärung‹ und Erfüllung gebracht würden. Nein, eine ›Vergeistigung‹ dieser aus freier Gnade gegebenen und offenkundig buchstäblich verstandenen, messianischen Reichsprophetie und eine Übertragung derselben auf eine andere Körperschaft wäre nichts anderes als ein verschleierter Bundesbruch Gottes Israel gegenüber. Das aber sei ferne! ... Ebenso ist eindeutig erkennbar, daß, nach dem unmißverständlichen Wortlaut zahlreicher Weissagungen, die Propheten zugleich mit einer endzeitlichen Rückführung Israels in das Land seiner Väter und seiner *national territorialen* Wiederherstellung rechneten (Jes. 11,11 u.a.).«[13]

III. Israels Messiasverfehlung und das Heil für die Völker

> »Verstockung ist Israel zum Teil widerfahren, bis die Vollzahl der Nationen eingegangen sein wird; und so wird *ganz Israel* errettet werden, wie es geschrieben steht: Es wird aus Zion der Erretter kommen, er wird die Gottlosigkeit von Jakob abwenden. Und dies ist für sie der Bund von mir, wenn ich ihre Sünden wegnehmen werde.«
>
> Römer 11,25–27

Ein großer Teil Israels anerkannte Jesus nicht als den im Alten Testament verheißenen Messias und ging damit zunächst an seinem Heil vorbei. Diese Tatsache wirft schwere Folgen auf. Paulus ringt damit in seinen Israel-Kapiteln, Römer 9 bis 11: Ist nun die Verheißung Gottes an Israel hinfällig geworden? Hört nun Israel nach seiner Messiasverfehlung auf, Gottes erwähltes Volk zu sein? Hat Gott Israel verstoßen? Der Apostel war selbst Jude, hatte die Christen verfolgt, bis Gott in ihm vor Damaskus Jesus als seinen Sohn, als den Messias, offenbarte (Apg. 9) und den bekehrten Paulus zum Missionar unter den Völkern berief (Gal. 1,15.16; 2,7; 3,8). Sein herzliches Flehen jedoch zu Gott für Israel bleibt, »daß sie errettet werden« (Röm. 10,1).

Rätselhaft erscheinen die Geschehnisse mit diesem erwählten Volk Gottes. Da bedarf es des prophetisch-heilsgeschichtlichen Wortes, das uns das »Geheimnis Israel« offenlegt: Die Ablehnung des Heils durch Israel ist der Weg, auf dem Gott den Völkern das Heil zuwendet (vgl. Apg. 13,46f und Röm. 11,11ff). Und wenn die »Vollzahl« aus den Völkern in die Gemeinde Jesu Christi eingegangen sein wird, dann wird »ganz Israel«, und nicht nur ein »Überrest« von einzelnen Juden, errettet werden. Die Existenz Israels als erwähltes Volk Gottes hört nicht auf. Es ist »zum Teil verstockt« im Sinne des zeitgeschichtlichen, *zwischen-*

zeitlichen Richtens, nicht jedoch bleibender Verstockung oder ewigen Gerichtes (Röm. 11,7). Die gegenwärtigen Ereignisse gilt es im Lichte des Evangeliums als Handeln Gottes zu verstehen. In dieser Zwischenzeit zwischen Ablehnung und Wiederannahme bei der Wiederkunft Jesu Christi, in dieser gesamten Endzeit, den »Zeiten der Nationen« (Luk. 21,24), geschieht die Evangelisierung der Völker rund um die Erde (Apg. 1,3), bis schließlich deren »volle Zahl« (Röm. 11,12) in die Gemeinde, den Leib Christi, »eingegangen« sein wird (Matth. 24,14; Röm. 11,25). Und dann wird auch *Israel als Ganzes* errettet werden. Das geschieht durch den Messias Jesus »von Zion aus«, der »aus Zion« ins Land Israel kommen wird (Röm. 11,26). Das war den Jüngern bereits bei Jesu Himmelfahrt gesagt worden: »Dieser Jesus, der von euch weg in den Himmel aufgenommen worden ist, wird so kommen, wie ihr ihn habt hingehen sehen in den Himmel.« Das geschah auf dem Ölberg bei Jerusalem. Vorher hatten die Jünger ihren auferstandenen Herrn nach der Wiederherstellung des Reiches für Israel gefragt (Apg. 1,6–12).

So erkennen wir, daß »sich auch die gegenwärtige Spannung um das verstockte und doch geliebte Israel (Röm. 11,28) in Gottes Barmherzigkeit auflösen« wird: »Die Rettung Israels wird sich ereignen als Gottes Wundertat am Ende der Zeiten durch die Wiederkunft seines Sohnes Jesus Christus ... Das Heil Israels liegt im wiederkommenden Christus und in der Sündenvergebung beschlossen.«[14] So löst sich das »Rätsel Israel«: »Die zunächst nur quälende und bedrückende Geschichte des Bundesvolkes Israel erhält einen positiven ›Sinn‹ und ein göttliches ›Ende‹.«[15]

Das Heil, das uns Christen widerfährt, ist nicht ablösbar vom Heilshandeln Gottes in der Geschichte Israels. Wir sind in das Heil hineingenommen, das Gott Israel zugewendet hat. Wir sind Teilhaber der Segensverheißungen, die Gott Israel am Anfang seiner Geschichte gab. Das Judentum ist eine entscheidende Grundlage des Christentums. Jesus selbst sagte im Gespräch mit der samaritischen

Rabbiner an der Klagemauer in Jerusalem (Foto: M. Scharnowski)

Frau am Jakobsbrunnen über die Heilsquelle: »Das Heil ist aus den Juden« (Joh. 4,22). Dies abzulehnen ist Antisemitismus: Der Minister für Kultus und Unterricht des Landes Baden im Dritten Reich erwähnte in einem Schreiben betreffs Religionsunterricht lobend: »Der Herr Landesbischof der evangelisch-protestantischen Kirche hat sich bereits unter dem 15. März d.J. bereit erklärt, daß die Geschichte

Nr. 13, Jesus und die Samariterin, ohne den beanstandeten Satz ›Denn das Heil kommt von den Juden‹ durchgenommen werden soll.«

Papst Pius XI. hatte die Gefahr erkannt und warnte: »Die Christen sind geistliche Semiten. Solange das Judentum außerhalb unserer Theologie und unserer Geschichte bleibt, sind wir potentielle Antisemiten.«

Die Judenfeindschaft bricht auch die schützenden Dämme der Gebote Gottes und treibt zur Unmenschlichkeit. Adolf Hitler hat das deutlich gemacht: »Wir beenden den Irrweg der Menschheit. Die Tafeln vom Sinai haben ihre Gültigkeit verloren. Das Gewissen ist eine jüdische Erfindung und eine Verstümmelung menschlichen Wesens wie die Beschneidung.« Elie Wiesel, dieser Überlebende von Auschwitz, klagt: »Falls ich versuchen könnte zu verstehen – aber das wird mir nie gelingen –, weshalb mein Volk zum Opfer wurde, so werden andere Leute verstehen müssen oder den Versuch machen zu verstehen, warum die Mörder Christen – sicher schlechte Christen, aber doch Christen – waren. Irgend jemand wird erklären müssen, warum so viele Mörder Intellektuelle waren, Akademiker, Hochschulprofessoren, Rechtsanwälte, Ingenieure, Ärzte, Theologen. Die Einsatzkommandos, die das Töten befahlen, wurden von Intellektuellen angeführt. Sie haben gezeigt, daß Wissen ohne Moral zerstört, daß Wissenschaft ohne ethisches Fundament zu einem Instrument der Unmenschlichkeit ausartet.«[16]

Paulus beschwört uns: Wir Christen sollen dem endzeitlich bedrängten Israel gegenüber nicht überheblich sein! Wir verdanken diesem Israel unsere Heilszueignung – das sagt uns der Herr Jesus selbst! Wir – ja die ganze Menschheit verdankt Israel, den Juden, das Wissen über den lebendigen und wahren Gott, denn Gott hat sich in Israel geoffenbart; das uns von den Juden überlieferte Gesetz als Weisung Gottes und Basis aller Ethik; die Bibel Alten und Neuen Testamentes, denn alle biblischen Schreiber – außer

Lukas – waren Juden; und Jesus Christus, den Welterlöser, denn er ist aus den Juden gekommen (vgl. Röm. 9,5). Wenn wir Israel ablehnen, lehnen wir unsere eigene Vergangenheit, Gegenwart und Zukunft ab (Röm. 11,18).

Die Gemeinde Jesu Christi hat jüdische Wurzeln, und am Ende wird Israel in besonderer Weise, wie ihm das bei seiner Berufung verheißen wurde (1. Mose 12,1–3), zum Heil und Segen für alle Völker, für die gesamte Menschheit werden.[17] »Dieser Blick nach Israel bedeutet einen entscheidenden *Impuls für die Hoffnung* ... Die Gründung dieses Staates (Israel) als Zeichen der Rückkehr dieses Volkes (ins Land Israel) ist eine Etappe auf dem Weg zum endgültigen Ziel der Vollendung unserer Welt in Gerechtigkeit und Frieden ... Eine Theologie der Hoffnung, die an dieser Tatsache vorbeisieht, wird sich als trügerische Utopie erweisen ... Damit öffnen sich weltweite Perspektiven – die Zukunft der Welt in ihrer neuen Gestalt wird angesprochen.« Der jüdische Religionsphilosoph Martin Buber (1878–1965) brachte schon 1916 eine endzeitliche Sicht zum Ausdruck: »... Und eben dies ist der Glaube, daß das wiederhergestellte Zion das Bethaus für alle Völker und die Mitte der Erde wird, die zentrale Stätte des Gebetsfeuers, in dem das ›blutbefleckte Kriegskleid verbrannt‹ (Jes. 9,5) und die ›Schwerter zu Pflugscharen umgeschmiedet werden‹ (Jes. 2,4).«[18]

Paulus macht deutlich: Wenn schon die Messiasverfehlung Israels den Völkern den Weg zum Heil eröffnet, wieviel mehr wird seine Annahme durch Israel die Heilsvollendung für die Welt bedeuten (Röm. 11,15.32). Darum darf es nicht jenen überheblichen Abstand gegenüber Israel geben, der sich leider schon früh in der christlichen Kirche breitgemacht hat. Tatsächlich ist die Christenheit an den Juden schwer schuldig geworden. Unter dem Stichwort »Theologie nach dem Holocaust« haben in jüngerer Zeit Gespräche zwischen Juden und Christen stattgefunden mit dem Ziel, antijüdische und damit antichristliche Elemente in Theologie und Verkündigung zu tilgen und das Verbindende zwischen Juden und Christen zu erkennen.[19]

IV. Die Judenfeindlichkeit der christlichen Kirche

»Der Antisemitismus ist noch nicht überwunden; er bleibt eine dauernde Bedrohung. Darum gilt es, wachsam zu sein.«

Rudolf Pfisterer

Israel, seit 1948 wieder als Staat in Palästina, ist »als Reaktion auf den Druck entstanden, unter dem die Juden in aller Welt gelitten haben.«[20] In der ganzen Endzeit, von seiner Messiasverfehlung bis zur Wiederannahme, gehen die Juden beständig durch mehr oder weniger schwere Bedrängnisse – bis zum Äußersten, bis zu letzter Existenzbedrohung. Sie leiden unter anhaltender Judenfeindlichkeit. Der Antisemitismus ist nicht eine gegen alle semitischen Völker gerichtete Feindschaft, sondern er zielt einzig und allein auf das jüdische Volk. Sein Ziel ist letzten Endes die Vernichtung der Juden. »Der Antisemitismus zeigt sein Gesicht nie offen; er verdeckt seine schreckliche Nacktheit hinter verführerischen Losungsworten ... Die Tarnung dieser Verführungsmacht besteht jeweils in einer zugkräftigen und zeitgemäßen Verkleidung. Der Antisemitismus kann sich ›christlich‹ gebärden, wenn es Erfolg verspricht. Er setzt auf die nationale Karte, wenn er damit durchdringen kann. Er schmiedet wirtschaftliche Argumente, wenn er dadurch Haß gegen die Juden heraufzubeschwören vermag. Er läßt die antizionistische Platte laufen, um dadurch Sozialisten und Kommunisten in seinen Bannkreis zu ziehen. Neuerdings wird unter dem Deckmantel eines sich grundsätzlich gegen den Antisemitismus abgrenzenden Anti-Israelismus in weiten Kreisen neuer Judenhaß mit zum Teil alten Schlagworten gezüchtet ... Obwohl Antisemitismus und christlicher Glaube sich wie Feuer und Wasser ausschließen, haben doch immer wieder Christen – in völligem Mißverständnis des Evangeliums – sich für den Haß gegen die Juden ausgesprochen.«[21]

Der judenfeindliche Antisemitismus tritt auf in mehreren Phasen, die in Perioden nacheinander und schließlich massiv zusammenwirken in endzeitlicher Beschleunigung.[22] Vorausgegangen war die von Jesus in seiner Endzeitrede vorausgesagte Zerstörung Jerusalems und des Tempels im Jahre 70 durch Titus, den späteren Kaiser des damaligen, römischen »Reiches der Nationen« (Luk. 21,6.24). Dabei wurden mehr als eine Million Juden getötet. Bei der Niederwerfung des Aufstandes der Juden unter Bar Kochba, der sich als Messias ausgab, im Jahre 135 ist eine weitere halbe Million umgekommen. Die Römer haben damals die Juden aus Judäa und Samaria vertrieben (vgl. 5. Mose 28,64; 3. Mose 26,33).[23] Auch nach dieser blutigen Niederwerfung blieben die Juden als eine beachtliche Minderheit im Land.

Schon bald begann der endzeitliche Antisemitismus unter der christlichen Bevölkerung, unter die die Juden geflohen waren. Er wurde *christlich-theologisch* begründet. Die »christlichen« Wurzeln sind deutlich zu erkennen. Die Zerstreuung der Juden wurde polemisch gedeutet. Sie sei das »Gericht Gottes an den Mördern Christi«. Israel wurde geistlich *enterbt:* An die Stelle Israels sei die christliche Kirche getreten. Die weitere Zugehörigkeit zum Bunde

Juden auf der Flucht

Gottes und damit das Siegel der Erwählung sprach die christliche Kirche dem Volk Israel ab. Die Juden seien gar nicht mehr Israel. Die Kirche sei jetzt ausschließlich das »wahre Israel«. Auf sie seien nun alle Verheißungen übergegangen – und aller Fluch auf das »verworfene Judenvolk«.

So ist den Juden »das Brandmal der Verwerfung und des Fluches« von den Christen aufgeprägt worden, im Gegensatz zu den Aussagen der Bibel Alten und Neuen Testamentes (3. Mose 26,44; Ps. 94,14 u.a.; Röm. 11,2).

Aus dem Ruf der Juden bei der Kreuzigung Jesu: »Sein Blut komme über uns und unsere Kinder« (Matth. 27,25) wurde eine Selbstverfluchung und damit ihre Verwerfung konstruiert. Aber das Blut Jesu Christi ist nach dem neutestamentlichen Zeugnis (1. Joh. 1,7.9) gerade nicht ein Zeichen der Verfluchung, sondern der Vergebung und Rettung. Wenn das Blut Abels nach Vergeltung schreit, so wirkt das Blut Christi Versöhnung (Hebr. 12,24). Der Herr hat am Kreuz ausdrücklich für die an der Kreuzigung beteiligten Juden und Heiden (Römer) um Vergebung gebetet (Luk. 23,34). Aber die Christen halten sich nun für berufen, Gottes Zorn an den Juden zu vollstrecken. Der Judenhaß der Nazis hat sich auf diesen »christlichen« Antisemitismus berufen. Adolf Hitler sagte 1938 zu Hans Frank, dem späteren Generalgouverneur von Polen, wo Millionen Juden umgebracht worden sind: »In den Evangelien riefen die Juden dem Pilatus zu, als dieser sich weigerte, Jesus zu kreuzigen: ›Sein Blut komme über uns und unsere Kinder.‹ Ich muß vielleicht diese Verfluchung vollstrecken.«[24]

Der geistlichen Enterbung folgte die *bürgerliche Entrechtung.* Diese verwerfende und verfluchende Einschätzung des Judentums schlägt sich in der Gesetzgebung, der Gestaltung des öffentlichen Lebens nieder. Die Juden gelten als Staatsbürger zweiter Klasse und werden aus der Gesellschaft verdrängt. Nach der Lehre der Kirche sind sie »aus eigener Schuld zu einer ständigen Sklaverei verdammt« (Thomas von Aquin, 1225–1274). Sie müssen »von der Obrigkeit für immer unterjocht werden, damit sie sich nie mehr über die Christen erheben« können, forderte Innozenz III. (1198–1216). Das von diesem Papst einberufene 4. Laterankonzil (1215) diente der Kreuzzugsvorbereitung. Die *Kreuzzüge* wurden als »Heiliger Krieg« gegen Juden und Moslems im »Heiligen Land« geführt.

Die Abdrängung der Juden in eine Sonderexistenz ließ zahlreiche bösartige Legenden über sie verbreiten und führte zur *»Verteufelung«*. Als geschworene Feinde Jesu Christi stünden sie mit dem Teufel im Bunde und könnten nicht mehr menschlich sein. Man traute ihnen alles Böse zu – Ritualmorde, Brunnenvergiftung, Hostienschändung. Die Leute hatten Angst vor ihnen. Bei unheilvollen Ereignissen hatten die Juden Schuld; sie dienten als die *»Sündenböcke«*. Als Mitte des 14. Jahrhunderts der »schwarze Tod«, die Pest, über Spanien, Frankreich und Deutschland wütete, sollten die Juden die Brunnen vergiftet haben. Das löste schreckliche Pogrome aus, bei denen viele Hunderttausende teilweise auf grauenhafte Weise vernichtet wurden. Im Volk brachte man den »christlich« begründeten Judenhaß auf die einfache Formel: Wer einen Juden tötet, erhält Erlaß der Sünden.

Die Chronik der Judenverfolgung während des Mittelalters zeigt, daß im »christlichen Abendland« Juden immer wieder bedrängt, geplündert, vertrieben und getötet, oft verbrannt worden sind. Es betraf Millionen![25] Selbst der Reformator *Martin Luther* verfaßte 1543 eine judenfeindliche Schrift »Von den Juden und ihren Lügen« mit einem Sieben-Punkte-Programm zu ihrer Bekämpfung. Auch darin ist die »Verteufelung« des jüdischen Volkes enthalten: »Und ich sollte mit solchem verteufelten Maul (den Juden) essen, trinken oder reden, so möcht ich aus der Schüssel oder Kanne mich voller Teufel fressen und saufen, als der ich mich damit gewiß teilhaftig machte aller Teufel, so in den Juden wohnen und das teure Blut Christi verspeien.« Der Rat der Evangelischen Kirche in Deutschland hat diese Schrift verurteilt, und der Lutherische Weltbund hat aus

Anlaß des 500. Geburtstages Luthers am 10. 11. 1983 dazu geäußert: »Die Sünden von Luthers antisemitischen Äußerungen und die Heftigkeit seiner Angriffe gegen die Juden ... machen uns große Not. Wir müssen in unseren Kirchen jede Gelegenheit, solche Sünden gegenwärtig oder zukünftig zu wiederholen, meiden.«[26]

In den *calvinistisch* geprägten Ländern, wo die Theologie den »Bundesgedanken« – Israel als Bundesvolk Gottes – lebendig hielt und den lutherischen Gegensatz von Gesetz und Evangelium nicht kannte, haben Judenverfolgungen größeren Ausmaßes nicht stattgefunden. Die *Niederlande* haben den Juden zuerst die bürgerliche Gleichberechtigung gegeben. Das gegenwärtige »Gespräch mit Israel« ist hier theologisch vorbereitet worden.[27]

In *neuerer Zeit*, in der Epoche der Aufklärung und Gleichberechtigung, sind die Juden in unseren westlichen Ländern – endlich nach über 1 1/2 Jahrtausend – als gleichberechtigte Bürger anerkannt worden. Sie kamen aus ihrer Verdrängung ins gesellschaftliche Abseits heraus und gewannen neue Hoffnung. Sie entwickelten auf allen Gebieten erstaunliche Fähigkeiten und haben inzwischen die meisten Nobelpreisträger.

Jüdische Physik, Psychologie, Musik haben unser Jahrhundert derart revolutioniert, daß es ohne ihren Beitrag in Wissenschaft und Kunst gar nicht denkbar ist, urteilen Kenner unserer jüngsten Geschichte. Walter Jens, Tübinger Rhetorikprofessor und Präsident der Akademie der Künste, beklagt, das alte Deutschland, die Kulturnation Lessings und Mendelsohns, sei mit seinen jüdischen Bürgern in Birkenau, Sobibor und Theresienstadt zugrundegegangen. Was ist in Deutschland geschehen?

Im weiten *osteuropäisch-russischen* Raum sind die Juden, die aus dem westlichen und mittleren Europa dorthin verdrängt worden sind, abwechselnd durch Freiheit und Verfolgung gegangen. Sie haben auch dort Millionen Verluste erlitten. »Pogrom« ist ein russisches Wort und bedeutet gewalttätige Massenausschreitung, am häufigsten gegen Juden. Gegen Ende des vorigen Jahrhunderts lebte noch der größere Teil der Juden im Osten Europas. Die meisten von ihnen sind nach Amerika ausgewandert.

Was treibt heute die sowjetischen Juden zur Flucht?

Das »pogromschwangere Klima, der Drang zur Massenflucht« – einige Hunderttausend, und es sollen Millionen werden – wurzeln, nach der Allgemeinen Jüdischen Wochenzeitung, in zwei Prozessen: dem »allseits wiedererstandenen Nationalismus und neuen Antikommunismus«. Gorbatschow habe »das allerheiligste marxistische Prinzip« abgeschafft, wonach die Klassenzugehörigkeit wichtiger als das Menschliche und Nationale ist. Während sich die national erwachten Sowjetvölker vom Baltikum bis Georgien verselbständigen und untereinander befehden, sind als Sündenböcke »für die ganze heutige Misere – Hunger, Armut, besudelte Natur« – die Juden bereits auserkoren.

Propagiert werden solche Thesen von der nationalistischen faschistoiden Bewegung »*Pamjat*«. Sie hat sich von der kulturellen Strömung in volkstümelnden Vereinen schon längst zur politischen Partei gemausert und paktiert mit der erzkonservativen russischen Partei. Viele ihrer Anhänger sitzen in Armee und KGB. »Besonders alarmierend in dieser Situation ist, daß der Staat den Antisemitismus nicht bekämpft«, daß Gorbatschow kein Wort zum Problem Auswanderung und ihren Ursachen sagt. Forderte »Pamjat« früher lautstark »Juden raus!«, bekräftigt durch Drohbriefe, Tätlichkeiten und Gerüchte um schwarze Listen mit Namen von Juden, weht der Wind jetzt aus noch schärferer Richtung: »Jetzt fordern sie die Regierung auf, die jüdische Emigration zu stoppen, damit sich die Juden vor dem Gericht des Volkes verantworten.«[28]

Wissenschaftler verschiedener Länder gehen in dem kürzlich erschienenen Buch »Der Antisemitismus der Gegenwart« der Frage nach, ob der Antisemitismus seine Funktion als politische Ideologie nach dem Holocaust verloren habe oder auch heute noch fortlebe, wenn auch unter anderen Vorzeichen.

Die Autoren setzen sich auch mit den antisemitischen Strömungen in der *Sowjetunion* auseinander. Die antizionistische Ideologie ist in der vorrevolutionären russischen Vergangenheit tief verwurzelt. Sie macht sich in starkem Ausmaß Mythen und Fälschungen zu eigen, die dem aufgeklärten Denken fremd sind. Weder Perestroika noch Glasnost haben dieser Wirkung etwas entgegensetzen können. Glasnost hat vielmehr den aggressiven Verfechtern des Antizionismus erstmalig die Möglichkeit eröffnet, öffentlich gehört zu werden. Auf höchster Parteiebene wird der Zionismus als die »Verkörperung des Bösen« angegriffen. Gorbatschow hat vor dem Parteiplenum am 27. Januar 1987 den Zionismus zusammen mit dem Antisemitismus als »nationalistische und chauvinistische Verirrungen« abgewehrt. Die Gleichstellung von Zionismus und Antisemitismus aber bedeutet die Bekräftigung der provokativen These »Zionismus ist Rassismus«, wie die berüchtigte Resolution der Vereinten Nationen vom 10. 11. 1975 lautet und wie sie in zahlreichen Veröffentlichungen in der Presse publiziert worden ist.[28a] Wir werden darauf noch genauer im nächsten Kapitel eingehen.

V. Der rassistisch-völkische Antisemitismus

»Wenn es Hoffnung nach dem Holocaust gibt, dann nur für diejenigen, die glauben: die Stimmen der Propheten sprechen lauter als die Hitlers.«

Michael Wishogrod, jüdischer Theologe

»Das Wort Gottes muß weiterhin vernommen werden. Ebenso das Schweigen seiner toten Kinder.«

Elie Wiesel, jüdischer Schriftsteller und Überlebender von Auschwitz

»Politische Feiertage sagen etwas aus über die Identität eines Volkes und die Kontinuität seiner Geschichte«, schreibt der Kölner Stadtanzeiger unter dem Titel »Der lange Schatten« zum »Tag der deutschen Einheit« am 17. Juni 1990, gut ein Vierteljahr vor der Vereinigung der bis dahin getrennten deutschen Staaten. »Einen Tag der deutschen Einheit wird es ja nun wirklich geben. Doch mit welchem Datum verbindet sich am eindringlichsten die Erinnerung an eine Tat von historischem Gewicht, das eigene Schicksal zum Guten zu wenden? Wäre es etwa der feierliche und doch blutleere Akt, wenn die Volkskammer verkündet, die DDR trete gemäß Artikel 23 dem Grundgesetz bei? Oder wäre es nicht vielmehr der 9. November 1989, der Tag, an dem die verhaßte (Berliner) Mauer fiel? Auf eben diesem Datum liegt aber ein langer, tiefer Schatten. An einem 9. November sind in Deutschland schon einmal Mauern eingestürzt. Es waren die der Synagogen, die in der ›Reichskristallnacht‹ 1938 von den Nazis in Brand gesteckt worden sind.«[29] Was ist damals geschehen?

Der christlich-theologischen, kirchlichen und bürgerrechtlichen Disqualifizierung der Juden folgte im 19./20. Jahrhundert die Diskriminierung des Judenvolkes als minderwertige Rasse. Antisemitischer Geist verband sich mit nationaler Gesinnung. Er drang auch in die christlichen

Kreise in Deutschland ein. Die Hetze gegen die Juden verwandte mit Vorliebe die antijüdischen Äußerungen der mittelalterlichen Kirchenväter und besonders Martin Luthers. Der Nationalsozialismus hat die antisemitischen Ideen nicht erst geschaffen; er fand sie vor! Unter der Schlagzeile »Späte Einsicht« schreibt der Kölner Stadtanzeiger zu einer Besinnung über die Judenfrage in den Kirchen: »Der Antisemitismus, den die Nationalsozialisten zum blutigen Exzeß steigerten, hatte seine Wurzeln auch im Antijudaismus der christlichen Kirchen. Weil die Juden, das ›auserwählte Volk‹, die Annahme der Botschaft Christi verweigert hatten, galten sie als Ausgestoßene; weil sie die Kreuzigung Christi gefordert hatten, wurden sie von der katholischen Kirche als ›Gottesmörder‹ beschimpft. Die erste offizielle Wende brachte 1965 das Zweite Vatikanische Konzil. Zu einem eindeutigen Freispruch vom ›Gottesmord‹, den Papst Johannes XXIII. gewünscht hatte, konnten sich die Kardinäle und Bischöfe zwar nicht verstehen. Doch immerhin lasteten sie die Schuld am Tod Christi, ›weder allen damals lebenden Juden ohne Unterschied noch den heutigen Juden‹ an. Nun klopfen sich auch die europäischen Lutheraner an die Brust, sagen dem Antijudaismus ab und fordern religiöse Toleranz. Sie haben allen Grund, sich vor allem von den Aussagen ihres Stammvaters Martin Luther zu distanzieren. Der Reformator setzte sich zwar auch theologisch mit den Juden auseinander. Sein Aufruf jedoch, Synagogen und Schulen der Juden zu verbrennen, ihre Häuser zu zerstören, ihren Rabbinern das Lehren zu verbieten, junge starke Juden und Jüdinnen in einen Arbeitsdienst zu stecken – das war die Aufforderung zu einem Pogrom. Es fand (damals) nicht statt, Luthers Worte aber wirkten nach. Jeden ehrt es, wenn er einen Irrtum erkennt und ihn korrigiert. Das gilt auch für die christlichen Kirchen. Es ehrt sie jedoch nicht, daß sie erst unter dem Eindruck des Holocaust nachzudenken begannen, ob ihr religiöser Antijudaismus nicht auch eine der Wurzeln des säkularen Antisemitismus gewesen ist.«[30]

Auschwitz-Birkenau: Durch dieses Tor fuhren jahrelang die Deportationszüge aus allen Städten Europas. Sie alle waren zum Bersten gefüllt, und alle fuhren sie leer zurück . . . (aus: Die Tenne, 7/1964)

Die Bewegung der »Deutschen Christen« übernahm kritiklos den rassistischen Begriff vom Judentum. Der »Arierparagraph« zog schon 1933, zu Beginn der Naziherrschaft, in die deutsche Kirche ein, d.h. es durfte kein Nichtarier mehr Geistlicher in der Kirche sein. 1934 erschien in der Missionsbuchhandlung in Worms ein Buch »Arier und Jude«. Ein »Beitrag zur Judenfrage und ihrer Lösung«. Der biblisch-heilsgeschichtlich orientierte Verfasser schreibt darin über das »entsetzlich Zersetzende des jüdischen Geistes«. Er sei eine Wirkung des Fluches über die Juden und bilde eine »Gefahr für die Nation«, er sei schuld am Niedergang der europäischen Kultur, am Untergang des Abendlandes!

Wie dieser Schreiber sahen nicht wenige Christen in Deutschland im Natinalsozialismus den völkischen Retter. Sie begrüßten die Verdrängung der Juden aus dem deutschen Volk.

Bereits 1933 schrieb der »Täuferbote«, Blatt der österreichischen Baptistengemeinden, daß »Gott durch die nationale Revolution in Deutschland« den Juden »ein gewaltiges Halt« entgegengerufen habe. In »Botschaft« und »Tenne«, dem Gemeinde- und dem Jugendblatt der »Brüder« jener Zeit, finden wir bedenkenlose Zustimmung zur »Säuberung Deutschlands von den staatsfeindlichen, insbesondere den eingewanderten jüdischen Elementen«. Auch in unseren Kreisen erschien es angesichts der erzwungenen Auswanderung, der Brutalität des SS-Staates und der über die Juden hereinbrechenden grausamen Leiden »problemloser, die Verfolgung und Austreibung der Juden von der Bibel her mit dem auf Israel lastenden Fluch zu erklären« und damit sein Gewissen zu beruhigen. So schien auch ein »evangelischer Antisemitismus« berechtigt. Im übrigen hatte man Angst vor der »braunen Diktatur« und verhielt sich systemkonform. »Zudem waren Landes- wie Freikirchen viel zu sehr mit sich selbst und ihrem eigenen Verhältnis zu dem alles gleichschaltenden totalitären Staat beschäftigt, als daß sie Zeit, Kraft und Märtyrergeist gehabt hätten, sich für die Juden einzusetzen.«[31]

Heilsgeschichtlich verstanden die »bibelgläubigen« Christen das Vorgehen gegen die Juden in dem Sinn, daß die nirgends heimatberechtigten Juden wieder in ihr Land zurückgetrieben würden. Auf diese Weise suchten sie auch

Deutsche SS erschießt Juden

Adolf Hitlers Aussage in seinem programmatischen, bereits 1924 geschriebenen Buch »Mein Kampf« zu verstehen: »So glaube ich heute, im Sinne des allmächtigen Schöpfers zu handeln. Indem ich mich der Juden erwehre, kämpfe ich für das Werk des Herrn.«[32] In Wirklichkeit zielte Hitler auf die Ausrottung der Juden als ganzes Volk. So erklärt er im Jahre 1938, dem Jahr der berüchtigten Reichskristallnacht, dem Auftakt zum völkischen Pogrom gegen das Judenvolk, vor seinen »alten Kämpfern«: »Völker Europas, euer Erbfeind ist das Volk der Juden! Das deutsche Volk hat es gewagt, ihm die Stirne zu bieten ... Die Erkenntnis muß und wird sich Bahn brechen, daß die Völker Freiheit und Frieden haben werden, wenn sie sich die Hände reichen zur Niederringung der Macht jenes Volkes, von dem schon Christus gesagt hat, sein Vater sei der Teufel ... Wir können daraus die Lehre ziehen, gegen die jüdische Brut in Deutschland unbarmherzig vorzugehen ... Ich will dich vernichten. Und jetzt, Klugheit, hilf mir, dich so in die Ecke hineinzumanövrieren, daß du zu keinem Stoß kommst, und dann kriegst du deinen Stoß ins Herz.«[33] Und dann hat Hitler den Zweiten Weltkrieg begonnen, um ganz Europa zu besetzen. Wir fragen uns, welche unheimliche Besessenheit hier den »Führer« und seine deutsche Gefolgschaft ergriffen hat, wenn er »Christus« und den »Teufel« zitiert und dann zum scheußlichsten Vernichtungswerk der Weltgeschichte schreitet? Die »Arier«, das deutsche Volk, gegen den Erbfeind, die Juden – die vermeintlich erwählte, führende Rasse gegen das erwählte Volk Gottes! »Hier kann es keine zwei erwählten Völker geben«, proklamierte Hitler: »Wir sind das Volk Gottes. Diese paar Worte entscheiden alles.«[34] Der Chefideologe Alfred Rosenberg vom »Völkischen Beobachter« sagte im Krieg (1942) dazu: »Nun gehen wir daran, diesen Schmutz auszurotten. Was heute mit der Ausschaltung der Juden aus allen Staaten des europäischen Kontinents geschieht, ist auch eine Humanität, und zwar eine harte biologische Humanität. Sie bedeutet, daß die Volkskörper wieder sauber, gesund und menschlich gemacht werden, wie sie es früher waren ... Die Judenfrage in Europa und Deutschland ist nur dann gelöst, wenn es keinen Juden auf dem europäischen Kontinent mehr gibt.«[35] Genauso haben die Nazis Millionen »unwertes Leben« vernichtet, als »Generalprobe« für die Vernichtung des Judenvolkes. Mußte denn nicht den an der Exekution beteiligten Deutschen das Gewissen schlagen? Aber »der Führer« hatte einen sendungsbewußten völkischen Glauben und seine Gefolgschaft vom »Irrweg der Menschheit« weggeholt, wonach das Gewissen eine »jüdische Erfindung und Verstümmelung menschlichen Wesens wie die Beschneidung« sei.

Dieser völkische und schließlich jeder Antisemitismus, da er sich gegen das Volk Gottes wendet, ist ein Angriff auf Gott und seine Gebote. »Warum toben die Nationen und sinnen Eitles die Völkerschaften. Es treten auf Könige der Erde, und Fürsten tun sich zusammen – gegen den HERRN und seinen Messias, seinen Christus« (Ps. 2,1.2). Antisemitismus ist letztlich Antimessianität, ist antichristlich und wird schließlich dämonisch.

Wir müssen die schreckliche Einzigartigkeit der Vernichtung der Juden im Dritten Reich sehen. Schon 1933 hatte Hitler in einer Rede ausgeführt: »Der Jude ist wohl Rasse, aber nicht Mensch. Er kann gar nicht Mensch sein im Sinne des Ebenbildes Gottes, des Ewigen. Der Jude ist ein Ebenbild des Teufels. Das Judentum bedeutet Rassentuberkulose der Völker.« Dies schlug durch bis in die Umgangssprache der Henker mit den Opfern, als zum Beispiel ein Offizier der SS einem Juden zu verstehen gab: »Du bist kein Mensch, du bist kein Tier, du bist ein Jude« ... »Der Jude war das Opfertier. Er hatte den Kelch zu trinken – bis zum allerbittersten Ende. Ich trank. Und dies wurde mein Judesein.« ... »Die deutsche Diktatur hat jedoch nur die Juden zu dem Zweck ermordet, daß Juden ermordet werden. Sie maßte sich die Entscheidung an, zu wissen, wer das Recht zum Leben hat auf dieser Erde und wer nicht. Das ist das Einzigartige dieser Massenvernichtung.«[36]

Land	Zahl
A. Altreich	131.800
Ostmark	43.700
Ostgebiete	420.000
Generalgouvernement	2.284.000
Bialystok	400.000
Protektorat Böhmen und Mähren	74.200
Estland - judenfrei -	
Lettland	3.500
Litauen	34.000
Belgien	43.000
Dänemark	5.600
Frankreich / Besetztes Gebiet	165.000
Unbesetztes Gebiet	700.000
Griechenland	69.600
Niederlande	160.800
Norwegen	1.300
B. Bulgarien	48.000
England	330.000
Finnland	2.300
Irland	4.000
Italien einschl. Sardinien	58.000
Albanien	200
Kroatien	40.000
Portugal	3.000
Rumänien einschl. Bessarabien	342.000
Schweden	8.000
Schweiz	18.000
Serbien	10.000
Slowakei	88.000
Spanien	6.000
Türkei (europ. Teil)	55.500
Ungarn	742.800
UdSSR	5.000.000
Ukraine 2.994.684	
Weißrußland ausschl. Bialystok 446.484	
Zusammen: über	11.000.000

Die Mordliste der Wannsee-Konferenz vom 20. Januar 1942 (aus: Schreiber/Wolfssohn, Nahost, S. 117)

Am 20. Januar 1942 fand die berüchtigte Wannsee-Konferenz statt, auf der Vertreter der deutschen Regierung und der SS die *»Endlösung der Judenfrage«* beschlossen. Elf Millionen Juden hatten die Nazis im Visier. Deren Ausrottung war NS-Staatspolitik. Etwa 6 Millionen haben sie vernichtet, meistens vergast und verbrannt.[37] Hätte Rommels Afrika-Armee in Libyen das Öl gefunden, »dann wären sie mit ihren Tanks in Palästina eingerückt. Und die Nazis hätten auch dort alle Juden aufgestöbert und in die Gaskammern nach Osteuropa geschickt – wie dies ja überall dort geschah, wo deutsche Truppen einmarschierten.«[38]

Hitler hat am Ende auch den christlichen Glauben als eine »jüdische List« erklärt. Und für die Zeit nach der Vernichtung der Juden kündigte der Reichsführer der SS Himmler die Beseitigung des Christentums an. Die deutschen Theologen Paul Tillich und Dietrich Bonhoeffer predigten am Tage nach der »Reichskristallnacht« 1938, in der die Nazis die Synagogen ansteckten und jüdische Häuser und Geschäfte plünderten und zerstörten: »Wenn heute die Synagogen in ganz Deutschland brennen, so werden bald auch unsere Kirchen in Flammen stehen.«[39]

Die Gemeinde Jesu Christi ist mit dem Volk der Juden, dem ersterwählten Volk Gottes, verbunden. Das wird dort am deutlichsten, wo Juden und Christen von derselben staatlichen Gewalt gemeinsam unterdrückt werden. »Denn wer das erwählte Volk Gottes, Israel, antastet, kann dem inneren Gefälle dieses Angriffs nach, vor der aus den Völkern zusammengerufenen Gemeinde nicht haltmachen. Eine solche gemeinsame Behandlung ließ schon der Kalif von Bagdad, Harun al Raschid (i. J. 807), den Christen und den Juden angedeihen, indem er ihnen beiden das Tragen des gleichen Abzeichens in der Öffentlichkeit befahl, nur mit dem Unterschied, daß dieses Zeichen für die Juden gelb und für die Christen blau war.« Wir gehören zusammen »durch den Bund des erwählenden Gottes Israel« (vgl.

Röm. 9–11). »Oft genug haben wir leider diese Zusammengehörigkeit aus Angst oder Unkenntnis verleugnet.«[40]

Der Revolutionsführer Irans, Ajatollah Khomeini, hat als Forderung des Islam, der (ebenso wenig wie der Nationalsozialismus) keine Trennung von Staat und Religion kennt, in den islamischen Raum gerufen: Heute die Sabbat-Leute und morgen die Sonntag-Leute!

Der Davidstern und die National-Flagge Israels

Unter den Nazis wurde er den Juden als diskriminierendes Kennzeichen aufgezwungen. Heute tragen ihn Juden und Christen um den Hals. Er ziert die blau-weiße National-Flagge Israels. Man sieht ihn auf den Maschinen der israelischen Fluggesellschaft EL AL. Zugleich ist er das Zeichen des »Roten David-Sterns«, der dem roten Kreuz entsprechenden israelischen Organisation. Von den Juden wird er heute in der gleichen Weise gebraucht wie das Kreuz von den Christen.

Der David-Stern entstand ursprünglich als ein »messianisches Symbol«. Seit Bileam (4. Mose 24,17) prophezeite, daß »ein Stern aus Jakob aufgehen« werde, hielt man im Volk Iraels Ausschau nach dem Messias. *(aus: Fritz May, Israel heute, S. 37)*

VI. Die islamisch-arabische Israelfeindlichkeit

> Der Herr sprach zu Abraham (1. Mose 21,12.13):
> »Laß es nicht übel sein in deinen Augen wegen des Jungen (des Sohnes *Ismael*) und wegen deiner Magd (Hagar) ... Denn nach *Isaak* (Israel) soll die Nachkommenschaft genannt werden. Doch auch den Sohn der Magd werde ich zu einer Nation machen, weil er dein Nachkomme ist.«

Genau hier, in der Erwählung zum Volk Gottes, liegt der eigentliche und tiefste Grund für die Feindschaft gegen Israel. Durch Jahrhunderte bis heute sind auch im islamisch-arabischen Raum einige Millionen Juden dem Antijudaismus zum Opfer gefallen. Albert Memmi, der in Tunesien geborene Schriftsteller und politische Theoretiker, schreibt: »Es ist nicht der Zionismus, der den arabischen Antisemitismus ausgelöst hat, sondern es ist gerade umgekehrt – wie in Europa auch. Israel ist als Reaktion auf den Druck entstanden, unter dem die Juden in aller Welt gelitten haben – wozu auch der Druck gehört, unter dem wir als arabische Juden leben ... Niemals – mit Ausnahme von zwei oder drei zeitlich klar abgegrenzten Perioden, wie z.B. der andalusischen Periode – haben die Juden in arabischen Ländern anders als in der Situation einer bedrängten Minderheit gelebt, immer wieder besiegt und niedergemetzelt, damit sie sich ihrer Lage schmerzhaft bewußt blieben.« Memmi kam zu dem Ergebnis: »Wenn wir einmal absehen von den Krematorien und Ermordungen in Rußland aus der Zeit von Kishinev bis zu Stalin, dann ist die Zahl der jüdischen Opfer in der christlichen Welt (wahrscheinlich *vor* dem Holocaust im Zweiten Weltkrieg) vermutlich nicht größer als die Gesamtzahl der Opfer immer wieder auftauchender kleinerer und größerer Pogrome, die in moslemischen Ländern stattfanden.«[41]

Vor einiger Zeit veröffentlichte die türkische Zeitung

»Dünya« folgenden Geheimbeschluß der Panislamischen Versammlung in Lahore, Pakistan, im Jahre 1980: »Das ganze Gebiet ist bis zum Jahre 2000 völlig zu islamisieren, und zwar dergestalt im Mittleren Osten, daß alle Lebenden, die nicht Moslems geworden sind – die koptischen Christen in Ägypten, die Christen in Irak, Iran, Türkei, Libanon, Syrien ... und Israelis völlig ausgelöscht werden müssen.« Unter den Teilnehmern befanden sich neben den religiösen Führern eine Reihe einflußreicher Politiker.

Ein Kenner des Islam und ehemaliger Missionar in einem islamischen Land bemerkt dazu nach dem Ausbruch der »Golf-Krise« im Sommer 1990, daß dies »ein Ausdruck der Überzeugung radikaler Muslime von Westafrika bis Indonesien und Westeuropa« sei. Er nennt dafür mehrere Gründe:

Der Islam kennt keine Trennung von »Staat und Kirche«, sondern das Idealbild des islamischen Herrschers ist der Kalif (Statthalter Allahs), der politische, religiöse und wirtschaftliche Macht in einer Person vereinigt.

Die Völker Asiens und Afrikas sind geistesgeschichtlich nicht durch eine »Aufklärung« gegangen. So ist ihr Denken vor allem von ihrer Religion bestimmt. Sie verehren deshalb jeden islamischen Führer, der diese Machtfülle zur Ausbreitung des Islam gebraucht.

Die Aufgabe, friedlich oder mit dem Schwert den Islam auszubreiten, ist jedem Muslim auferlegt. Der Ursprung des »Djihad« (Heiliger Krieg) liegt zwar nicht im Koran selbst, ist jedoch in der islamischen Tradition entwickelt worden und heute Bestandteil islamischer Lehre und Praxis.

Dies alles macht die gegenwärtige Lage im Nahen Osten so kompliziert und gefährlich.

Während seinerzeit im Golfkrieg (1980–88) sowohl der Iran als auch der Irak sich auf einen »Heiligen Krieg« beriefen und dadurch z.T. Verwirrung verursachten, bieten gegenwärtig die amerikanischen und westeuropäischen Truppenverbände auf arabischem Boden dem Irak ein gutes Argument für einen solchen »Heiligen Krieg«. Und ein irakischer »Verzweiflungsschlag« gegen Israel würde viele

Führer der arabischen Welt sofort zu begeisterten Anhängern bzw. Sympathisanten Saddam Husseins machen.

Die Bemühungen um eine friedliche Lösung des Konfliktes werden auch durch das islamische Denken und Handeln erschwert. Denn im Heiligen Krieg sind die Muslime, die für Allahs Ehre eintreten und seinen Willen vollziehen, immer im Recht, welche internationalen oder völkerrechtlichen Gesetze und Vereinbarungen auch immer übertreten werden! Hinzu kommt die Tatsache, daß nach Mekka auch Jerusalem ein »Heiligtum« der Muslime ist. Hier soll nach islamischer Lehre Abraham Ismael geopfert haben; und hier auf dem Tempelplatz hat Omar, der zweite Kalif, den Felsendom (Omar-Moschee) errichtet, die als islamisches Heiligtum gilt.

Nun könnten sich ja die westlichen Länder aus diesem Gebiet mit allen religiösen und politischen Spannungen zurückziehen; doch gerade in diesen Ländern befinden sich die meisten Erdölvorräte der Welt. Von diesem Erdöl ist die Weltwirtschaft abhängig! Diese Tatsache ist für die Muslime nicht nur eine wirtschaftliche, sondern auch eine religiöse Frage: Allah hat ihnen diese Ölvorräte gegeben, und es ist nur legitim, wenn dieser Reichtum nun zur Verteidigung und zur Ausbreitung des Islam gebraucht wird. Aber gerade dies haben, so lautet die Anklage, die Könige und Scheichs der arabischen Halbinsel nicht im ausreichenden Maße getan, sondern sich selbst bereichert und im »westlichen Luxus« gelebt. So ist es ganz im Sinne der Armen und landlosen Bauern, sowie der arbeitslosen Akademiker in den arabischen Ländern, wenn diese Herrscher entmachtet werden und der Reichtum den arabischen Völkern und der islamischen Sache zugeführt wird. Dies hat Saddam Hussein in gewisser Hinsicht in Kuwait getan. Dabei sind Härte und Radikalität im islamischen Empfinden immer schon größere Tugenden gewesen als Milde, Friedfertigkeit und Kompromißbereitschaft.[42]

Auffallend war jedoch Saddam Husseins angeblich korrektes Verhalten gegenüber den zuvor schwer verfolgten

Resten des Judentums im Irak. Es gebe darüber eine ganze Reihe von Berichten und Zeugnissen, vermeldet die Allgemeine Jüdische Wochenzeitung. Eines sei das im Auftrag des Staates herausgegebene Buch »Die Heiligen Stätten im Irak«, das auch ausführlich Texte und Abbildungen jüdischer Heiligtümer des Landes enthalte. Nur zwei Wochen vor der Invasion Kuwaits überraschte der Präsident die jüdische Welt, als er prompt den Wunsch der kleinen Judengemeinde des Irak, die zahlreichen jüdischen Gedenkstätten und tausendjährigen Grabsteine jüdischer Propheten mit einem Einsatz von Millionen Dollar zu restaurieren, erfüllte. Irak-Experten führen dieses in der arabischen Welt ungewöhnliche Verhalten auf zweierlei Gründe zurück: »Der erste liegt in Saddams Glauben an seine historische Mission – die Wiederherstellung der Rolle Iraks als eines modernen, mächtigen Babylon, in dem er einen zeitgenössischen Nebukadnezar verkörpern würde. Als Beweis dafür werden jüdische und biblische Motive in seinen Reden zitiert. Selbst die von ihm entmachteten Ölscheichs von Kuwait werden jetzt als ›Söhne Korahs‹ bezeichnet, Opponenten von Moses und Aaron also, mit deren Zerstörung er eigentlich ›den Willen Gottes‹ erfülle. Als zweiter Grund wird die patriotische Haltung der irakischen Juden während des achtjährigen Golfkrieges (1980–1988) genannt. Zahlreiche junge Juden haben Frontdienst geleistet, einige von ihnen sind gefallen. Jüdische Ärzte haben sich besonders als Feldärzte an der Front ausgezeichnet. Saddam selber hat die Judengemeinde zur ›Heldengemeinde‹ erhoben. Vielen Juden wurden in aller Form hohe Orden und Auszeichnungen verliehen. Gegenüber ausländischen Gästen ist Saddam so stolz auf die angebliche ›Koexistenz‹ von Moslems und Juden in seinem Land, daß er unlängst darauf bestanden hat, einen irakisch-jüdischen Apotheker zum Mitglied der irakischen Delegation zum Apotheker-Weltkongreß in Peking zu machen.« In seinem Verhalten gegenüber den Juden im eigenen Land unterscheidet Saddam zwischen Judentum als Religion und Israel bzw. dem Zionismus.[43]

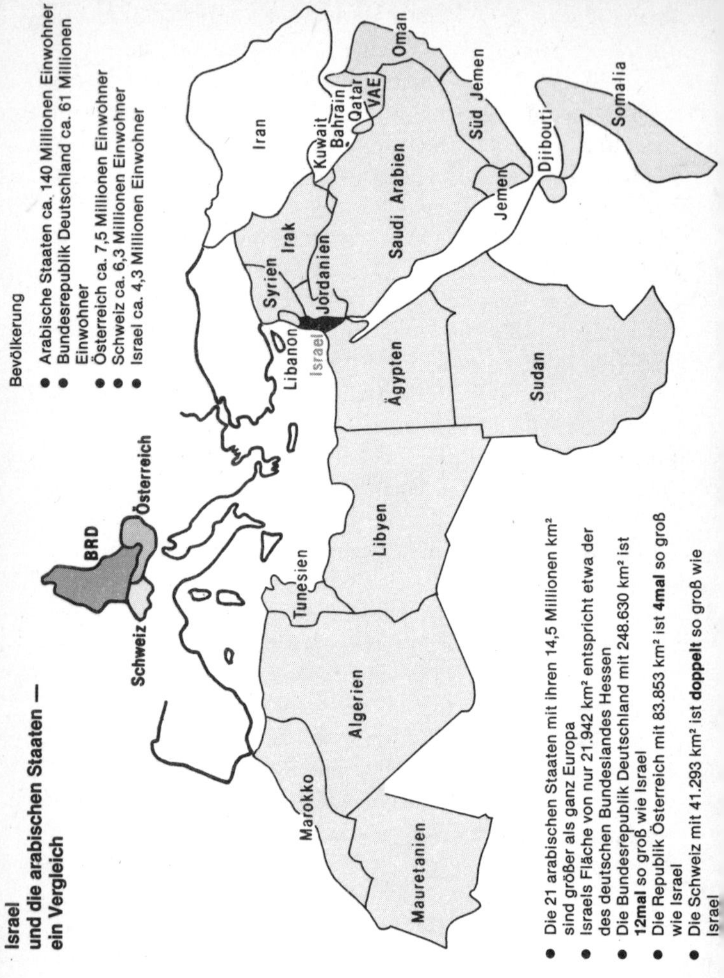

Israel und die arabischen Staaten – ein Vergleich

VII. Antizionismus – Angriff auf Volk und Staat Israel

Israel hat keine Lobby bei den Medien ...

»Tu deinen Mund auf für die Stummen und für die Sache aller, die verlassen sind!« Sprüche 31,8

Der Herr spricht:
»Israel, du wirst nicht von mir vergessen.« Jesaja 44,21

Rudolf Pfisterer unterscheidet in seiner Darstellung des Antisemitismus *drei* Spielarten der Judenfeindlichkeit. Da ist zunächst der *Antijudaismus* als Angriff auf *die Juden als Glaubensweise.* Die Juden haben Jesus als ihren Messias abgelehnt und sind gebrandmarkt vom Zeichen des Fluches und der Verwerfung. Diese Anschauung zieht sich wie ein roter Faden durch die Christenheit. Der Antijudaismus ist bei der Bekämpfung der Juden als Glaubensweise nicht stehengeblieben, sondern er stellt auch die Existenz des ganzen jüdischen Volkes in Frage. Durch die Ermordung von sechs Millionen Juden durch und unter Hitler ist dieser Antisemitismus in Mißkredit geraten. Aber »das Ärgernis jüdischer Identität und die damit verbundene Abwertung der Juden und des jüdischen Volkes bestehen weiter. Heute ist vor allem das jüdische Volk in der Form der staatlichen Existenz in seiner Heimat die Zielscheibe solcher Angriffe. Dies geschieht in der Gestalt des Antizionismus.« Er ist der Angriff auf die Juden als *Volk und souveräner Staat in ihrer Heimat, im Land Israel.*[44]

Bereits 1933, als die Hitler-Diktatur gerade begann, wandte sich auf dem Zionistenkongreß in Prag dessen Präsident Sokolov in hebräischer Sprache an die »Zivilisierte Welt«: »Wie denkt ihr euch die Sicherheit der weiteren Existenz des jüdischen Volkes, wenn man die Axt an die Wurzel seines Daseins gelegt hat? Soll dieses Volk immer und ewig von Land zu Land als ein Perpetuum mobile, seines historischen Landes beraubt, weitergewälzt werden? Ist das nicht ein Zustand, der den elementarsten Begriffen menschlicher Zivilisation Hohn spricht? ... Bei dieser Lage hat das Land der Verheißung, Palästina, begonnen, ein Land der Erfüllung zu werden ... Palästina hat aufgehört, ein Dispositionsthema zu sein, es ist eine jüdische Volkssache geworden, ein Obdach für leidende Juden.«

In der gleichen Zeit tagte in Jerusalem der Arabische Kongreß von Palästina und ersuchte die damalige britische Mandatsmacht, jüdische Einwanderung und jüdischen Bodenerwerb zu verbieten.[45]

Doch 1948 gründen die Juden im eigenen Land wieder ihren eigenen Staat. Aber der jüdische Staat muß schon seit seinem Bestehen um sein Überleben kämpfen: Die arabischen Staaten im Nahen Osten wollen nicht nur neben dem heute bestehenden Staat Israel einen arabischen »Palästinenser-Staat«. Sie beanspruchen hierfür ganz Palästina zwischen Mittelmeer und Jordan. Ursprünglich umfaßte Palästina die gesamte Region zwischen Meer und arabischer Wüste. Dieses Gebiet, also westlich und östlich des Jordan, gehörte früher zum türkisch-osmanischen Reich. Nach dessen Zusammenbruch im Ersten Weltkrieg kam es unter britisches Mandat. In ihm wohnten sowohl Araber als auch Juden. Die Region »Palästina« war nicht ein ausschließlich arabisches Land mit eigener palästinensisch-arabischer Nation in einem palästinensisch-arabischen Staat. Der ost(trans)jordanische Teil umfaßte drei Viertel der Gesamtfläche. Er erhielt 1946 die Unabhängigkeit und wurde das zu rund 90% von sunnitischen Arabern bewohnte Haschemitische Königreich Jordanien.

Nach dem arabisch-israelischen Krieg 1948/49 annektierte Jordanien die auch von Arabern bewohnten Teile des westjordanischen Palästina: Samaria und Judäa einschließlich der Altstadt Jerusalem. In diesem Krieg mußten die Juden ihren am 14. Mai 1948 gegründeten Staat Israel gegen die Angriffe der benachbarten arabischen Staaten verteidigen, die auch erst seit kurzem selbständig geworden waren. Dabei fanden ca. 6000 Israelis, das waren ein Prozent der

Bevölkerung, den Tod; viele Tausende wurden zu Invaliden. In den folgenden Kriegen kam Israel den auf Vernichtung zielenden Angriffen zuvor (1956/1957 Sinai-Feldzug, 5.–10. 6. 1967 Sechs-Tage-Krieg), schlug den gemeinsamen Überraschungsangriff Ägyptens und Syriens trotz völlig ungleicher Kräfteverhältnisse zurück (6.–25. 10. 1973 Jom-Kippur-Krieg) und sicherte seine Grenzen auf den Golan-Höhen (14. 12. 1981) und gegen palästinensische Übergriffe im Südlibanon (6. 6. 1982 »Frieden für Galiläa«). Israel kämpfte um seine Existenz!

Die Vereinten Nationen (UNO) hatten Israel am 11. 5. 1949 als rechtmäßigen Staat aufgenommen.

Bereits im Palästinamandat vom 24. 7. 1922 war ausdrücklich »die historische Verbundenheit des jüdischen Volkes mit Palästina« anerkannt und deshalb »eine Wiedererrichtung ihrer Heimstätte in diesem Land« gutgeheißen worden. Die UNO-Vollversammlung hatte schon in ihrem Teilungsplan vom 29. 11. 1947 mit der nötigen Zweidrittelmehrheit die Grundlagen für die Errichtung des Staates Israel geschaffen. Aber »das Recht Israels auf seine Existenz und die Berechtigung des Zionismus zu diesem Ziel« standen zunehmend unter Beschuß. »Das Trommelfeuer der gegen ihn gerichteten Vorwürfe – vor allem aus der Sowjetunion und den mit ihr verbündeten Staaten, ferner aus den arabischen Ländern – erreichte einen vorläufigen Höhepunkt im Jahre 1975, als ... auf dem Treffen der blockfreien Staaten in Lima die Verurteilung des Zionismus erfolgte.« Am 10. 11. 1975 verurteilte schließlich auch die Generalversammlung der Vereinten Nationen in ihrer Resolution Nr. 3379 den Zionismus: »Der Zionismus ist eine Form des Rassismus und rassistische Diskriminierung.« Dies ist in zahlreichen Veröffentlichungen in der Presse bekanntgemacht worden. Durch bösartige Wortschöpfung ist dann der Zionismus als »Nationalzionismus« »phonetisch in der Nähe des Nationalsozialismus angesiedelt« worden. Hier wird letztlich das Lebensrecht des Staates Israel, die Heimat des jüdischen Volkes in Zion, verneint. Dr. André Lwoff, Nobelpreisträger für Medizin (1965), hat zusammen mit anderen Nobelpreisträgern vor den unheilvollen Konsequenzen dieser UNO-Entschließung gewarnt: ». . . Durch die Verurteilung des Zionismus hat die Generalversammlung der Vereinten Nationen symbolisch für die Zerstörung des jüdischen Staates selbst gestimmt, und entgegen ihrer Berufung ermutigt sie die Staaten dieses Gebietes, noch einmal mehr zu den Waffen zu greifen, während doch ein erster Schritt auf dem Weg zu einer friedlichen Regelung getan wurde.« Jigal Allon sagte kurz nach Bekanntwerden in Mannheim: »Zion und Zionismus sind Essenz des Judentums. Entfernen sie die Ideale des Zionismus aus dem jüdischen Glauben, und sie liquidieren den Glauben selbst.« Hier ist das geistliche und physische Leben des jüdischen Volkes bedroht.[46]

Chaim Herzog, der damals Israels UN-Botschafter war, zerriß vor den Augen des Weltforums das Dokument und sagte: »Das ist die ›Kristallnacht‹ der Vereinten Nationen . . . Hitler hätte sich in diesem Forum während der Debatte über den Zionismus sehr wohl gefühlt.«[47] Österreichs Bundeskanzler Kurt Waldheim hat inzwischen »die während seiner Amtszeit als UNO-Generalsekretär verabschiedete UNO-Resolution aus dem Jahr 1975, in welcher der Zionismus mit Rassismus gleichgesetzt worden war«, bedauert.[48]

Die Palästinensische Befreiungsorganisation (PLO), die auch hinter dem im Dezember 1987 begonnenen »arabischen Volksaufstand«, der Intifada, steht, verweigert Israel die Anerkennung. Syrien beansprucht ganz Palästina. Schon 1974 hatte der syrische Präsident Hafisal Assad erklärt: »Palästina ist nichts anderes als der Hauptteil von Süd-Syrien.« Und wie im Krieg mit Iran (Golfkrieg 1980–1988) wirft er seinem irakischen Rivalen um die »panarabische Führung der Baath-Partei« Saddam Hussein vor, arabische Energien und Gelder auf Abenteuer zu verschwenden, statt sie auf das wichtigste Ziel zu konzentrieren: »den Kampf gegen Israel«.[49]

Ajatollah Ali Khamenei, oberster geistlicher Führer

Irans und Nachfolger von Khomeini, und Syriens Staatschef Assad stimmten überein, daß trotz der Golfkrise Israel weiterhin die »Hauptgefahr« sei. Laut Khameini bleibt der Kampf gegen Israel das Hauptziel der islamischen Welt: Das »illegale zionistische Regime« müsse von den »revolutionären Kräften« in der moslemischen Welt angegriffen werden.[50] Die Lösung der Golfkrise will man mit der Lösung der Palästinenser-Frage verknüpfen.

Israels Regierung hatte eine »Friedensinitiative« zur Lösung des arabisch-israelischen Konfliktes am 14. 5. 1989 ergriffen. Sie sieht im *Friedensabkommen von Camp David* zwischen Israel und Ägypten vom Jahr 1978 einen »Grundstein für eine Ausdehnung des Friedensabkommens in der Region«. Sie fordert die »Herstellung von Friedensbeziehungen mit den arabischen Staaten, die sich nach wie vor im Kriegszustand befinden«. Sie schlägt freie demokratische Wahlen unter den palästinensisch-arabischen Einwohnern von Judäa, Samaria und dem Gazastreifen vor »in einer Atmosphäre, die frei ist von Gewalttätigkeiten, Bedrohungen und Terror«. (Wegen angeblicher Kollaboration mit den Israelis sind seit Beginn des Aufstandes in den »besetzten Gebieten« einige hundert Palästinenser von arabischen Landsleuten, teilweise grausam, umgebracht worden.[55]) In den vorgesehenen Wahlen soll eine Vertretung gewählt werden für die Durchführung von Verhandlungen für eine Übergangszeit der Selbstverwaltung. In diesem Zeitraum von fünf Jahren sollen »Koexistenz und Zusammenarbeit erprobt« werden. Spätestens im dritten Jahr sollen Verhandlungen einsetzen, um eine »ständige Lösung« zu erreichen.[52]

Die PLO jedoch weigert sich nach wie vor, Israel als Staat in Palästina anzuerkennen. Das palästinensische Nationalabkommen (PNA) von 1968 ist die Magna Charta der PLO. Artikel 4 spricht von Israel als einer »zionistischen Okkupation«, als sei es eine widerrechtliche Besetzung palästinensischen Gebietes. Inzwischen wird sie verglichen mit der Okkupation Kuwaits durch den Irak, und

Alle Organisationen und Vertretungen der PLO haben die Karte des gesamten Israel als Emblem. Das beweist, daß die PLO bis heute ihr Ziel, das ganze Irsrael auszulöschen, nicht aufgegeben hat.

so wird ein Junktim zur Lösung der Golfkrise fixiert. Das PNA spricht den Juden ab, ein Volk zu sein und ein Recht auf einen eigenen Staat zu haben. Das Judentum sei nur eine Religion und nicht eine unabhängige Nationalität: »Die Juden stellen nicht ein einzelnes Volk mit eigener Identität dar, sondern sind Bürger der Staaten, denen sie angehören« (Art. 20). Nur die Palästinenser haben dieses Recht, und zwar auf das ganze Land Palästina (Art. 3 und 21). Artikel 15 verlangt, »den Zionismus in Palästina auszutilgen«. Jegliche Lösung, die nicht »völlige Befreiung des Landes« bedeutet, wird in Artikel 18 abgelehnt. Dies Ziel könne nicht auf politischem, sondern nur auf militärischem Wege erreicht werden. Der Kampf gegen Israel sei gesetzlich, während Israels Selbstverteidigung ungesetzlich sei. In Artikel 23 heißt es schließlich: »Für alle Staaten ist es notwendig, den Zionismus als rechtswidrige Bewegung anzusehen, seine Existenz zu ächten und seine Tätigkeit zu verbieten . . .« Die Beschlüsse des 13. Palästinensischen Nationalrates vom 20. 3. 1977 sprechen sich gegen ein »Klein-Palästina« aus. Das wäre die »Zwei-Staaten-Lösung«: der Staat Israel und der Palästinenser-Staat nebeneinander in Palästina zwischen Mittelmeer und Jordanien. Diese Beschlüsse sehen vielmehr die Vernichtung Israels vor.[53] Der PLO-Chef Yassir Arafat erklärte nach dem Abriß der Berliner Mauer, daß der Staat Israel als Folge des Zweiten Weltkrieges ebenso verschwinden müsse, wie die Berliner Mauer und alle anderen Folgen des Krieges![54]

Auf dem Arabischen Gipfel am 30. Mai 1990 in Bagdad wurde beschlossen, die Einwanderung von Juden (gegenwärtig in größerer Zahl aus der UdSSR) zu bekämpfen. Das bedeutet die Verweigerung des Existenzrechtes des Staates Israel als »Heimstätte aller Juden«. Auf den Punkt brachte es der libysche Staatspräsident Ghaddafi in seiner Ansprache auf diesem Bagdader Gipfel: »Die Sammlung der Juden in Palästina ist nicht etwa ihre Heimkehr ins verheißene Land, sondern ins endgültige Grab. Palästina ist der Friedhof aller Juden!«[55]

VIII. Der Staat Israel – Vision und Realität

> »Wenn aber diese Dinge anfangen zu geschehen, so blickt auf und hebt eure Häupter empor, weil eure Erlösung naht.«
> Lukas 21,28

Der schmale Landstreifen zwischen Mittelmeer und Jordan bildet einen Korridor für drei Erdteile: Asien, Europa und Afrika. Über ihn zogen in alter Zeit von Nord und Süd die Heere der heidnischen Großmächte. Hier war um 1000 v.Chr. unter König David der jüdische Staat entstanden mit der Hauptstadt Jerusalem. Von seinem Volk, dem Volk Israel, sagt die Bibel, daß es den Mittelpunkt, den »Nabel der Erde«, bewohnen wird (Hes. 38,12). Der Staat war bedroht von allen Seiten. Zuletzt suchten die Römer ihn einzubeziehen in ihr Reich, das Reich der Nationen. Das gelang nicht. Israel war nicht eines von den vielen Völkern, sondern ein besonderes Volk – das von Gott besonders erwählte Volk, zum Segen für die Völkerwelt.

> »Und der HERR sprach zu Abram: Geh aus deinem Land und aus deiner Verwandtschaft und aus dem Haus deines Vaters in das Land, das ich dir zeigen werde! Und ich will segnen, die dich segnen, und wer dir flucht, den werde ich verfluchen; und in dir sollen gesegnet werden alle Geschlechter der Erde.«
> 1. Mose 12,1–3

Mit dieser zielbestimmten Erwählung des Stammvaters Abraham um etwa 2000 v.Chr. war die Volkwerdung und Landzuweisung für Israel in jenem Landstrich zwischen den Kontinenten verbunden (1. Mose 15,7; Jos. 24,3; vgl. Apg. 7,3). Die Römer, die die vielen Völker in einem Reich zusammengefaßt hatten, warfen das Volk der Juden im ersten und zweiten Jahrhundert n.Chr. bis auf einen Rest aus seinem Land hinaus. Zerstreut unter die Völker der Welt, war Israel kein Staat mehr im eigenen Land. Aber es existierte weiter als das eine Volk der Juden – durch fast zwei Jahrtausende bis in unsere Gegenwart. In dieser Zeit hatte das Land, der Nahe Osten, keine weltpolitische Bedeutung. Heute, da Israel wieder als Staat in seinem Land existiert, ist diese Region zum endgeschichtlichen Spannungsfeld der Welt geworden – Israel inmitten islamischer Völker.

Wir erleben Israels Rückkehr in sein Land als ein »Endzeitzeichen ersten Ranges«, als Zeichen für die bleibende Erwählung des jüdischen Volkes. Wie versteht sich Israel als neuer Staat im alten Heimatland? Wie haben wir den Nahostkonflikt zu verstehen? Gewiß ist er mehr als ein Grenzkonflikt, wie er in vielen Kriegen der Völker ausgefochten worden ist. Läuft die Golfkrise aus in einen »Endkrieg«? In Israel grüßen sie sich mit Schalom; aber es ist kein Friede – noch nicht ...

a) Die Rückkehr der Juden in ihr Land – nach Eretz Israel

Theodor Herzl (1860–1904) hatte wie viele westeuropäische Juden den Weg der Aufklärung und Anpassung versucht. Aber 1896 schrieb er unter dem Eindruck des antisemitischen Prozesses gegen den jüdisch-französischen Artillerieoffizier Alfred Dreyfus in Paris das Buch »Der Judenstaat« mit dem Untertitel: »Versuche einer modernen Lösung der Judenfrage«. Dieser Titel war Programm: Der Judenstaat sei die Lösung der brennenden Judenfrage. Auf dem ersten Kongreß der zionistischen Bewegung in Basel, bereits im Jahre nach Erscheinen von Herzls Buch, wurden Vorschläge wie Uganda, Argentinien oder Teile der Sinai-Halbinsel als Raum der Heimstätte für die Juden abgelehnt. Zion, nur Zion, sollte es sein! Herzl bekannte nach dem Kongreß: »In Basel habe ich den Judenstaat gegründet. Vielleicht in fünf Jahren, jedenfalls in fünfzig Jahren wird es jeder einsehen.«

Bereits 1882 hatte der russisch-jüdische Arzt Leo Pinsker sein Buch »Autoemanzipation« verfaßt und eine aktive

Gruppe »Zionsfreunde« gegründet, genannt »Bilu«. Das ist ein Kürzel mit den Anfangsbuchstaben von hebräisch-biblischen Wörtern: »Söhne Jakobs, laßt uns gehen und aufbrechen!« Die russischen Juden waren in hintereinander folgenden Wellen von 1859 bis 1905 verheerenden Verfolgungen ausgesetzt. Im Zarenreich lebten mehr als zwei Drittel der gesamten Judenschaft. Sie erlitten die »Judennot« in extremer Weise. Nach einem solchen »Pogrom« im Jahre 1881 schrieb Pinsker sein ebenfalls programmatisches Buch. Der Gedanke war: »Ihre rechtliche Gleichstellung bzw. ›Emanzipation‹ könnten die Juden nicht durch die Gunst oder Gnade der christlichen Gastvölker erringen. Auf sich selbst sollten sich die Juden verlassen. Das sei zuverlässiger, vor allem aber wirksamer. Möglich sei dies nur in Zion, in einem jüdischen Gemeinwesen.«[56]

Am 31. Oktober 1917 verabschiedete die britische Regierung die sogenannte Balfour-Deklaration, mit der sie der »Schaffung einer nationalen Heimstätte für das jüdische Volk in Palästina« zustimmte und die »größten Anstrengungen« zusicherte, »um die Erreichung dieses Zieles zu erleichtern«. Hiermit war den Juden ein ungeteiltes Palästina als »öffentlich-rechtlich gesicherte Heimstätte« zugesagt. Diese Erklärung bildete den wesentlichen Bestandteil des britischen Völkerbundmandates für Palästina. Hiermit war die völkerrechtliche Grundlage für die Rückkehr der Juden in ihr Land und die Bildung des Staates Israel gegeben. Die »fast zweitausend Jahre alte Zions-Sehnsucht der von den römischen Eroberern aus Judäa vertriebenen Juden und deren Nachkommen in Europa, Afrika und Vorderasien« kommt zur Erfüllung.

Schon vor und dann nach dem Ersten Weltkrieg erfolgten nacheinander die zionistischen Einwanderungswellen. Zwischen 1919 und 1923 kamen insgesamt rund 35 000 Juden. Wie die vorigen Einwanderer stammten auch diese Neuankömmlinge der dritten Alija aus Rußland.[57] Nach der Teilung Palästinas im Jahre 1921 durften Juden in dem transjordanischen Teil, dem späteren Königreich Jordanien, nicht mehr siedeln. Die jüdische Einwanderung durfte, nachdem Palästina 1922 offiziell britisches Mandat geworden war, nicht mehr unbegrenzt erfolgen. Mit der vierten Alija kamen zwischen 1924 und 1931 weitere Juden, hauptsächlich aus Polen, ins Land. »Dort machte die Regierung des wiedergegründeten Staates die Juden für die vielen Schwierigkeiten verantwortlich, die das neue Polen überwinden mußte. Drei Millionen polnische Juden sollten ihre Heimat verlassen. So wollten es die Regierungen des neuen Polen nach dem Ersten Weltkrieg. Die meisten jüdischen Auswanderer gingen nach Amerika, in die Vereinigten Staaten. Das war keineswegs neu. Schon im ausgehenden 19. und frühen 20. Jahrhundert hatten die jüdischen Flüchtlinge ihr neues Leben in der neuen Welt begonnen und nicht in der alten Heimat ihres Volkes. Neu hingegen war die Tatsache, daß die USA 1924 ihre Tore verschlossen. Daher wandten sich die auswandernden polnischen Juden nach Palästina; mehr der Not gehorchend, als ihrem Willen folgend.«[58]

Die britische Regierung hat keine pro-israelische Politik, sondern die Sicherung eigener Interessen im Nahen Osten betrieben. Sie ist sogar von ihrer eigenen Zusage in der Balfour-Deklaration (1917) abgerückt, in der sie der »Schaffung einer nationalen Heimstätte für das jüdische Volk in Palästina« zugestimmt hatte und die den wesentlichen Bestandteil des vom Völkerbund übertragenen Mandates für Palästina bildete. Am Vorabend des Zweiten Weltkrieges war die Palästinafrage bereits »Teil der gesamtarabischen Politik« geworden: »Aus englischer Sicht mußte in Palästina Ruhe einkehren. Jetzt mußte man sich gegen Hitler wappnen, und dabei konnte man nicht auch noch Araber und Juden beschwichtigen. Die englische Rechnung war ebenso einfach wie kaltschnäuzig: Die Juden würden ohnehin nicht für Hitler-Deutschland kämpfen, denn Hitler war der Todfeind der Juden. Damit Hitler nicht die Araber gewinne, müsse England ihnen etwas geben. Genau hierfür entschied sich die britische Regierung.

Am 17. Mai 1939 veröffentlichte sie ein Weißbuch, also eine Art Regierungsprogramm. Palästina sollte in zehn Jahren ein unabhängiger arabischer Staat werden. Aus schien der Traum von Palästina als Heimstätte der Juden. Das Weißbuch schränkte außerdem die jüdische Einwanderung nach Palästina dramatisch ein. In den Jahren von 1939 bis 1945 sollten nur noch 75000 Juden nach Palästina einwandern dürfen. Der Verkauf arabischer Böden an Juden wurde kurz darauf ebenfalls untersagt.« Die Zionisten waren empört. Wenn Juden nicht legal einreisen dürften, so würden sie illegal nach Palästina kommen. Damals gab es keinen Staat, der die Juden aufnehmen wollte. Sogar die USA schickten ein Schiff mit jüdischen Flüchtlingen aus Deutschland zurück – die »St. Louis«. In Belgien gingen sie wieder an Land. Sie blieben dort oder gingen nach England, Frankreich oder Holland. »In den Niederlanden kamen sie in ein Konzentrationslager – weil sie Deutsche waren. Als die deutsche Wehrmacht Holland 1940 eroberte, blieben sie in Konzentrationslagern – weil sie Juden waren. Später ... schickten die Nationalsozialisten diese Menschen nach Theresienstadt und von dort in die Vernichtungslager. Für die Juden war die englische Politik mehr als eine Tragödie. Es war ihr Todesurteil.« Die Ermordung von sechs Millionen Juden im »Dritten Reich« hatte inzwischen begonnen. Die Mordliste der Wannseekonferenz vom 20. 1. 1942 führt 34 Gebiete mit den vorgesehenen Opfern auf: das »Altreich« mit 131800, die »Ostmark« (Österreich) mit 43700, das »Generalgouvernement« (Polen) mit 2284000 und die übrigen vom deutschen Militär besetzten Gebiete, davon die Sowjetunion mit 5000000 – insgesamt 11 Millionen Juden ... »Zionistische Politiker ersuchten immer wieder England, die Vernichtungslager zu bombardieren, um die Ermordung der Juden auf diese Weise zu beenden oder zu erschweren. Seit dem Sommer 1944 verfügten die Alliierten über die absolute Überlegenheit im Luftkampf und wären dazu in der Lage gewesen. Sie weigerten sich, weil sie sich auf das Wesentliche (!?) konzentrieren wollten – hieß es.«[59]

Den Überlebenden des Holocaust blieben die Tore Palästinas immer noch verschlossen. »In schrecklichen Sammellagern hausten die Überlebenden, zum Teil sogar in Deutschland. ›Displaced Persons‹ nannte man sie, niemand wollte sie. Sie wollten nach Palästina. Das sei jetzt für sie, die Platz- und Heimatlosen, der richtige Platz.« Die britische Regierung weigerte sich, die Forderung der Zionisten zu erfüllen, wenigstens 100 000 Displaced Persons nach Palästina einwandern zu lassen. Aus »kolonialpolitischen und ölpolitischen Gründen« setzte sie nach wie vor auf die »arabische Karte«. Die Zionisten jedoch verwendeten jedes nur halbwegs seetüchtige Schiff, das sie bekommen konnten, um Juden illegal nach Eretz Israel einzuschleusen.

Die britische Marine fing die meisten dieser Schiffe vor der Küste ab. Sie brachte die Überlebenden der deutschen Konzentrationslager in britische Lager, meistens auf der Mittelmeerinsel Zypern.

David Ben-Gurion war zu dieser Zeit der wichtigste zionistische Politiker. Er setzte auf die USA. Die britische Regierung benötigte nach dem Krieg dringend das Geld zum Wiederaufbau des eigenen Landes. Und dieses Geld konnte sie nur von den Amerikanern bekommen. Dafür jedoch verlangte die amerikanische Öffentlichkeit eine Änderung der Palästina-Politik. Man brachte das Palästina-Problem vor die UNO. Man sprach sich für die Teilung in einen jüdischen und einen arabischen Staat aus. Am 29. 11. 1947 stimmte die UNO-Vollversammlung über diesen Teilungsplan ab. 33 Staaten stimmten für die Teilung Palästinas, 13 dagegen, und zehn enthielten sich. Die USA und auch die Sowjetunion stimmten dafür ...[60] Damit war de jure die Staatsgründung Israels völkerrechtlich eine beschlossene Sache. Ben-Gurion, der schon 1906 aus dem polnischen Städtchen Plonsk nach Palästina eingewandert war, rief am 14. Mai 1948 in Tel Aviv den jüdischen Staat »Israel« aus. Damit war die Staatsgründung vollzogen – gut fünfzig Jahre nach dem ersten Zionistenkongreß in Basel. Herzls Vision hat sich erfüllt.

Die Menora, in verschiedenen Darstellungen
(aus: F. May, Israel heute, S. 36)

b) Das Selbstverständnis des Staates Israel

Mit erwartungsvoller Spannung hatten die Juden in Palästina die Direktübertragung des Rundfunks aus dem Gebäude der UNO erwartet, als die stark überwiegende Mehrheit der Vollversammlung für die Teilung Palästinas in einen jüdischen und in einen arabischen Staat stimmte. Sie tanzten jubelnd auf den Straßen. Aber lange konnten die Israelis nicht jubeln. Schon am 15. Mai 1948 begannen Ägypten, Jordanien, der Irak, Syrien, der Libanon und Saudi-Arabien, also die arabischen Staaten, den »Krieg um Palästina«, den Krieg gegen den neuen unabhängigen Staat Israel.[61] Mit Schalom begrüßen sich die Israelis, und es ist doch kein Friede – noch nicht.

Man muß sehen, daß der Staat Israel nicht nur »als Reaktion auf den Druck, unter dem die Juden in aller Welt gelitten haben« entstanden ist, sondern auch *gegen* den Druck von arabischer Seite.[62]

Leo Pinsker, der jüdische Arzt aus Odessa, hatte es in seinem oben erwähnten Buch »Autoemanzipation« schon 1882 zum Ausdruck gebracht, worum es den Juden geht. Jene »Bilu«-Bewegung sah ganz richtig, »daß die Juden in Europa in die Zange genommen waren zwischen zwei ›Unmöglichkeiten‹, nämlich dauernd mörderischen Pogromen schutzlos ausgesetzt zu sein oder aber mehr oder weniger stillschweigend als besondere Gruppe durch das Aufgehen in der Umgebung des jeweiligen Volkes von der Bühne abzutreten. Als dritter Weg kam für sie nur die Rückkehr nach Israel in Frage«. Ein alter Rabbiner, Samuel Mohilever (1824–1898), ließ durch seinen Enkel auf dem Zionistenkongreß in Basel ein dafür verfaßtes »Sendschreiben an die Juden« verlesen. Darin heißt es, »daß es sich bei einer Orientierung nach und einer Niederlassung in Zion um eines der entscheidenden Gebote der Bibel handele.«

Die Rückkehr nach Eretz Israel ist mit der Tradition des jüdischen Volkes fest verklammert. Nach den Aussagen der Bibel und der alten Propheten muß ein jüdischer Staat in Palästina entstehen, bemerkt der anglikanische Pfarrer William Hechler, der den Weg Theodor Herzls aufmerksam verfolgt hatte. Die Sammlung der Juden in ihrem Land habe nach seiner Auffassung eine die ganze Welt angehende Bedeutung: »Ich bin gewiß, daß die Errichtung eines jüdischen Staates ... der Anfang für das durch Jesaja, Micha und Sacharja angekündigte Heil sein wird.« Nach dem Zusammenbruch des türkisch-osmanischen Reiches in der Zeit nach dem Ersten Weltkrieg wurden sogar von jüdischer und arabischer Seite die Entwicklungen positiv eingeschätzt und begrüßt. Emir Feisal sprach sich positiv über die Balfour-Erklärung aus und schrieb 1919 an den jüdischen Richter Felix Frankfurter: »Wir Araber ... wollen unsererseits ... den Juden unser herzlichstes Willkommen bei ihrer Rückkehr in die Heimat zurufen.« Dieser Araberfürst äußerte den Wunsch, »daß unsere beiden Völker für ein gemeinsames Ideal, das Wiedererstehen des Orients, zusammenarbeiten«. Professor Rudolf Pfisterer bemerkt in seinem Buch »Verantwortung«: »Wenn man solche Worte hört, fragt man sich unwillkürlich, ob nicht die Besinnung auf eine solche Gemeinsamkeit dem Frieden im Nahen Osten besser dienen würde als die hartnäckige Bestreitung des Lebensrechtes des Staates Israel und die von daher kommende politische und militärische Offensive.«[63]

Auf der Israel-Jubiläumskonferenz vom 6.–9. September 1990 vorigen Jahres in Wölmersen, äußerte der Rabbiner Tovia Ben-Chorin, Sohn von Schalom Ben-Chorin: Das Bewußtsein vom Heimatland Israel gründet im Bund Gottes. War dieser gebrochen, mußte Israel ins Exil, hinaus aus seinem Land. Das dreifache Bewußtsein vom Land, von der Geschichte und der Sprache (Hebräisch) des jüdischen Volkes sei der Glaube Israels. Er sprach von einem »geo-mystischen Verhältnis« zwischen Land und Volk: »Treue wird sprossen aus dem Land, Gerechtigkeit herniederschauen vom Himmel« (Ps. 85,12; vgl. Jes. 45,8). Wichtig für die Existenz Israels sei der Dialog mit anderen, dabei immer im »Bewußtsein, im Bunde mit dem Herrn zu leben«. Direktor Micha Paz vom Jüdischen Nationalfonds sprach von der »Zähmung der Wüste«. Während sonst überall eine »Vermehrung der Wüste« zu erkennen sei, geschehe jetzt in Israel eine ständige Verkleinerung – geradezu als Muster für die Dritte Welt. Es sei ein Ringen mit der Natur bei der Aufbereitung der Negev-Gebiete – für die Einwanderung aus der Sowjetunion, Äthiopien, Südamerika. Gerade, am Anfang der Golfkrise, erlebte die Einwanderung eine Rekordhöhe von täglich fast tausend. Eine Luftaufnahme zeige, daß da, wo die Erde grün werde, Israel beginne. Hier erfüllen sich prophetische Aussagen.

Der Staat Israel ist gottgewollt. Das ist die Überzeugung in Israel. Der neue Staat hat bei seiner Gründung an das biblische Israel angeknüpft, an das Israel der Propheten. Es hat sich dabei auf Gott berufen, den »Felsen Israels«, der sein Volk gezeugt hat (5. Mose 32,18). Israel ist der einzige Staat auf der Welt, der in seinem Namen einen Namen für Gott, das hebräische »El«, trägt und ihn bekennt. Ben-Gurion, der Staatsgründer, stützte sich auf die Verheißungen der Bibel: »Die Juden erhielten kein Mandat für Palästina von Großbritannien, den USA oder den Vereinten Nationen. Politisch schon, aber historisch und rechtlich kommt letztlich unser Mandat aus der Bibel.«

Über die Rückkehr der Juden ins verheißene Land äußerte der seinerzeit international angesehene israelische Staatsmann: »Unser Volk ist nach Israel zurückgekehrt, um das Kommen des Messias vorzubereiten ... Ich glaube an eine messianische Zukunft, in der die Menschen nach den Moralgesetzen der jüdischen Religion in Frieden und Eintracht leben werden ... Ich bin sicher, daß sich die messianischen Zielvorstellungen erfüllen werden. Sie sind für mich eng verbunden mit der Erlösung des jüdischen Volkes.«[64]

Bei der Ausrufung der Unabhängigkeit Israels appellierte Ben-Gurion »an die Angehörigen des arabischen Volkes, die im Staate Israel leben, den Frieden zu bewahren und sich am Aufbau des Staates auf der Grundlage voller bürgerlicher Gleichheit und entsprechender Vertretung in allen Institutionen des Staates zu beteiligen. Wir strecken allen Nachbarstaaten und ihren Völkern die Hand zum Frieden und auf gute Nachbarschaft entgegen.«[65]

c) Die Unabhängigkeitserklärung des Staates Israel

Sie wurde verkündigt in Tel Aviv am 14. Mai 1948, dem 5. Ijar des Jahres 5708 jüdischer Zeitrechnung:

»Im Lande Israel entstand das jüdische Volk. Hier prägte sich sein geistiges, religiöses und politisches Wesen. Hier lebte es frei und unabhängig. Hier schuf es eine nationale und universelle Kultur und schenkte der Welt das ewige Buch der Bücher.

Durch Gewalt vertrieben, blieb das jüdische Volk auch in der Verbannung seiner Heimat in Treue verbunden. Nie wich seine Hoffnung. Nie verstummte sein Gebet um Heimkehr und Freiheit.

Beseelt von der Kraft der Geschichte und Überlieferung, suchten Juden aller Generationen in ihrem alten Lande wieder Fuß zu fassen. Im Laufe der letzten Jahrzehnte kamen sie in großen Scharen. Pioniere, Verteidiger und Einwanderer, die trotz der Blockade den Weg in das Land unternahmen, erweckten Einöden zur Blüte, belebten aufs neue die hebräische Sprache, bauten Dörfer und Städte und errichteten eine stets wachsende Gemeinschaft mit eigener Wirtschaft und Kultur, die nach Frieden strebte, aber sich auch zu schützen wußte; die allen im Lande die Segnungen des Fortschritts brachte und sich vollkommene Unabhängigkeit zum Ziel setzte.

Im Jahre 1897 trat der erste Zionistenkongreß zusammen. Er folgte dem Rufe Dr. Theodor Herzls, dem Seher des jüdischen Staates, und verkündete das Recht des jüdischen Volkes auf nationale Erneuerung in seinem Lande. Dieses Recht wurde am 2. Novemver 1917 in der Balfour-Deklaration anerkannt und auch durch das Völkerbundmandat bestätigt, das der historischen Verbindung des jüdischen Volkes mit dem Lande Israel und seinem Anspruch auf die Wiedererrichtung seiner nationalen Heimstätte internationale Geltung verschaffte.

Die Katastrophe, die in unserer Zeit über das jüdische Volk hereinbrach und in Europa Millionen von Juden vernichtete, bewies unwiderleglich aufs neue, daß das Problem der jüdischen Heimatlosigkeit durch die Wiederherstellung des jüdischen Staates im Lande Israel gelöst werden muß, in einem Staat, dessen Pforten jedem Juden offenstehen, und der dem jüdischen Volk den Rang einer gleichberechtigten Nation in der Völkerfamilie sichert.

Die Überlebenden des schrecklichen Nazi-Gemetzels in Europa sowie Juden anderer Länder scheuten weder Mühsal noch Gefahren, um nach dem Lande Israel aufzubrechen und ihr Recht auf ein Dasein in Würde und Freiheit und ein Leben redlicher Arbeit in der Heimat durchzusetzen.

Im Zweiten Weltkrieg leistete die jüdische Gemeinschaft im Lande Israel ihren vollen Beitrag zum Kampfe der frieden- und freiheitsliebenden Nationen gegen die Nazimächte der Finsternis. Mit dem Blute ihrer Soldaten und ihrem Einsatz für den Sieg erwarb sie das Recht auf Mitwirkung bei der Gründung der Vereinten Nationen.

Am 29. November 1947 faßte die Vollversammlung der Vereinten Nationen einen Beschluß, der die Errichtung eines jüdischen Staates im Lande Israel forderte. Sie rief die Bewohner des Landes auf, ihrerseits zur Durchführung dieses Beschlusses alle nötigen Maßnahmen zu ergreifen. Die damalige Anerkennung der staatlichen Existenzberechtigung des jüdischen Volkes durch die Vereinten Nationen ist unwiderruflich.

Gleich allen anderen Völkern, ist es das natürliche Recht des jüdischen Volkes, seine Geschichte unter eigener Hoheit selbst zu bestimmen.

Demzufolge haben wir, die Mitglieder des Nationalrates, als Vertreter der jüdischen Bevölkerung und der zionistischen Organisation, heute, am letzten Tage des britischen Mandats über Palästina, uns hier eingefunden und verkünden hiermit kraft unseres natürlichen und historischen Rechtes und aufgrund des Beschlusses der Vollversammlung der Vereinten Nationen die Errichtung eines jüdischen Staates im Lande Israel – des Staates Israel.

Wir beschließen, daß vom Augenblick der Beendigung des Mandates, heute um Mitternacht, dem sechsten Tage des Monats Ijar des Jahres 5708, dem 15. Mai 1948, bis zur Amtsübernahme durch verfassungsgemäß zu bestimmende Staatsbehörden, doch nicht später als bis zum 1. Oktober 1948, der Nationalrat als vorläufiger Staatsrat und dessen ausführendes Organ, die Volksverwaltung, als zeitweilige Regierung des jüdischen Staates wirken sollen. Der Name des Staates lautet Israel. Der Staat Israel wird der jüdischen Einwanderung und der Sammlung der Juden im

Exil offenstehen. Er wird sich der Entwicklung des Landes zum Wohle aller seiner Bewohner widmen. Er wird auf Freiheit, Gerechtigkeit und Frieden im Sinne der Visionen der Propheten Israels gestützt sein. Er wird all seinen Bürgern ohne Unterschied von Religion, Rasse und Geschlecht soziale und politische Gleichberechtigung verbürgen. Er wird Glaubens- und Gewissensfreiheit, Freiheit der Sprache, Erziehung und Kultur gewährleisten, die Heiligen Stätten unter seinen Schutz nehmen und den Grundsätzen der Charta der Vereinten Nationen treu bleiben.

Der Staat Israel wird bereit sein, mit den Organen und Vertretern der Vereinten Nationen bei der Durchführung des Beschlusses vom 29. November 1947 zusammenzuwirken und sich um die Herstellung der gesamtpalästinensischen Wirtschaftseinheit bemühen.

Wir wenden uns an die Vereinten Nationen mit der Bitte, dem jüdischen Volk beim Aufbau seines Staates Hilfe zu leisten und den Staat Israel in die Völkerfamilie aufzunehmen.

Wir wenden uns – selbst inmitten mörderischer Angriffe, denen wir seit Monaten ausgesetzt sind – an die in Israel lebenden Araber mit dem Aufrufe, den Frieden zu wahren und sich aufgrund voller bürgerlicher Gleichberechtigung und entsprechender Vertretung in allen provisorischen und permanenten Organen des Staates an seinem Aufbau zu beteiligen.

Wir bieten allen unseren Nachbarstaaten und ihren Völkern die Hand zum Frieden und guter Nachbarschaft und rufen zur Zusammenarbeit und gegenseitigen Hilfe mit dem selbständigen jüdischen Volk in seiner Heimat auf. Der Staat Israel ist bereit, seinen Beitrag bei gemeinsamen Bemühungen um den Fortschritt des gesamten Nahen Ostens zu leisten.

Unser Ruf ergeht an das jüdische Volk in allen Ländern der Diaspora, uns in dem Gebiete der Einwanderung und des Aufbaues zu helfen und uns im Streben nach der Erfüllung des Traums von Generationen – der Erlösung Israels – beizustehen.

Mit Zuversicht auf den Fels Israels setzen wir unsere Namen zum Zeugnis unter diese Erklärung, gegeben in der Sitzung des zeitweiligen Staatsrates auf dem Boden unserer Heimat in der Stadt Tel Aviv. Heute am Vorabend des Sabbat, dem 5. Ijar 5708, 14. Mai 1948.« (Unterschriften)

d) Die Frage nach Israels Grenzen

Die »Zweistaaten-Lösung« sieht einen Palästinenser-Staat neben dem Staat Israel vor. Bildeten die jetzt besetzten Gebiete den arabischen Palästinenser-Staat, dann verliefe die Grenze zwischen beiden Staaten in der Mitte bis 16 km an das Mittelmeer heran. Sie zerrisse Israel praktisch in zwei Teile und würde eine ständige Bedrohung bedeuten.[66]

Was sagt die Bibel über Israels Grenzen? Gott hat dem Volk Israel ursprünglich ein Gebiet »vom Bach Ägyptens bis zum großen Strom Euphrat« verheißen (1. Mose 15,18; Jos. 1,4; Hes. 47,15–20). Der »kleine Fluß Ägyptens« fließt etwa 80 km südlich Gaza und ist in etwa die heutige Südgrenze des Staates Israel. Die Nordgrenze jedoch würde weit über Libanon und Syrien bis zum Irak hinaus verlaufen. Israels Politiker haben bis heute nicht davon gesprochen. Israel hat diese Grenze im Norden zu keiner Zeit erreicht, auch nicht mit der größten Ausdehnung des Staates unter David und Salomon. Dieses verheißene »Große Israel« steht noch aus. Vorausgesagt ist in Micha 7,11: »Es kommt der Tag (d.h. am Ende) . . ., da werden deine Grenzen weit hinausgerückt werden« (vgl. Jes. 54,2f). Schalom Ben-Chorin meint: »Das ›große Israel‹ wird kommen . . . als das Friedensreich, als das Reich Gottes auf Erden.« Die Bibel spricht zwar von einer Grenzerweiterung Israels, aber »nicht durch Einsatz seiner Waffen, sondern durch das übernatürliche Eingreifen Gottes, wenn Christus als Messias wiederkommen wird, um sein Reich, das messianische Reich, zu errichten ... Zwischen Israel und seinen früheren Nachbarstaaten wird es offene Grenzen geben und ein friedliches Miteinander« (vgl. Jes. 19,23ff).[67]

Die Rückführung der Juden aus den Nationen ist noch nicht abgeschlossen. Sie geschieht weiter nach Eretz Israel innerhalb seiner gegebenen Staatsgrenzen. Inzwischen kommen sie vor allem aus der Sowjetunion, dem »Land des Nordens« – und schließlich »aus allen Ländern, wohin der HERR sie vertrieben hatte. Und sie sollen in ihrem Land wohnen« (5. Mose 30,3–5; Jer. 23,7f u.a.). Der Prophet Jesaja spricht von einem »Panier«, einem Feldzeichen für das Ende und die Wiederkunft des Messias (Jes. 11,12; 49,22; 62,10). Das ist ein völkergeschichtliches Wunder und nur heilsgeschichtlich zu erklären: Trotz 2000jähriger Diskriminierung, Unterdrükkung, trotz Pogromen und Vernichtungskampagnen besteht heute das Volk der Juden immer noch mit fast 15 Millionen, und es hat sein Israel-Bewußtsein bewahrt. Fast ein Drittel sind bereits im Land, und die anderen kommen nach biblischer Verheißung in diesen letzten Jahren. Gott will es; er befiehlt den Nationen: »Gib heraus! Halte nicht zurück! Bringe meine Söhne von fernher, und meine Töchter vom Ende der Erde!« (Jes. 43,5–7 u.a.). Da wirkt im Volk der Juden ein heilsgeschichtlicher Instinkt, ein messianisches Gespür. Sacharja prophezeit die zukünftige Stärkung und Sammlung Israels durch den Herrn (Kapitel 10): »Säe ich sie aber ein unter die Völker und denken sie dann in den fernen Ländern an mich, so sollen sie mit ihren Kindern am Leben bleiben und zurückkehren« (Sach. 10,9).

»Wir Christen vergessen nicht«, so 1934 gesagt, »daß das Ende der Judenfrage die Rückkehr der Juden in das gelobte Land ist. Es ist unsere (auf die Bibel gestützte) Überzeugung, daß die gegenwärtige Bewegung diesem Ziel langsam oder schneller entgegenführt.«[68] Wir heute, fast 60 Jahre später, erleben, wie schnell alles geschieht, ohne jedoch das Wann und Wie schon voraus im einzelnen zu wissen. Wir erleben, wie der Staat Israel bis aufs Äußerste bedroht ist. Wir bleiben bis zuletzt in angespannter Erwartung.

IX. Die Intifada – der Kampf um das »Heilige Land«

»Wenn sie sagen: Friede und Sicherheit! dann kommt ein plötzliches Verderben über sie ...« 1. Thessalonicher 5,3

Palästina war zunächst, nach dem Zerfall des türkisch-osmanischen Reiches, des »kranken Mannes am Bosporus«, ein »Spielball der Großmächte«. Dann stritten sich die neu entstandenen arabischen Nachbarstaaten um diese Region zwischen Mittelmeer und Jordan. Schließlich konnte Israel mit Ägypten, seinem Nachbarn im Süden, den Frieden schließen.

Am 17. September 1978 einigten sich Israels Ministerpräsident Menachem Begin und Ägyptens Präsident Anwar el-Sadat in Gegenwart und unter Beihilfe von US-Präsident Jimmy Carter auf das Abkommen von Camp David, der Grundlage für den Friedensvertrag. Am 29. 3. 1979 unterzeichneten sie diesen Vertrag in Washington. Alle drei Präsidenten beteten zum Schluß in ihren Sprachen – Englisch, Hebräisch und Arabisch mit dem gemeinsamen hebräischen »Amen«. Das Abkommen hatte zwei Teile: einen rein ägyptisch-israelischen Teil und einen anderen Teil, der als »Rahmen für einen Frieden im Nahen Osten« bezeichnet wurde. Die Grundsätze dieses Abkommens zwischen Israel und Ägypten sollten zugleich Modell für ähnliche Friedensverträge zwischen Israel und seinen Nachbarn Jordanien, Syrien und Libanon sein. Aber auf der Arabischen Gipfelkonferenz von Bagdad (Irak) im November 1978 wurde Sadat als »Verräter« gebrandmarkt und das Abkommen von Camp David verurteilt. Ende März 1979, nach der Unterzeichnung des Friedensvertrages, beschloß eine weitere arabische Gipfelkonferenz wirtschaftliche Strafmaßnahmen gegen Ägypten, wirtschaftliche Hilfen für die arabischen »Frontstaaten« (!) und die PLO sowie die Verlegung des Sitzes der Arabischen Liga von Kairo nach

Tunis. Gleichzeitig schloß man Ägypten aus der Arabischen Liga aus.[69]

Am 6. 10. 1981, am Jahrestag des Jom-Kippur-Krieges, wurde Sadat von einem ägyptisch-islamischen Fanatiker während einer Militärparade ermordet. Als im vergangenen Herbst der ägyptische Parlamentspräsident Rifaat Mahgub umgebracht worden war, erinnerten die Nachrichten an jenen Präsidentenmord nach dem Friedensschluß Ägyptens mit Israel. Mehr als 350 islamische Fundamentalisten wurden festgenommen.

Eine Welle islamischen Fanatismus' hatte seit der Khomeini-Revolution im Iran 1978/79 die islamische Welt, besonders im Nahen Osten, erfaßt. Nicht mehr nur die arabischen Völker, sondern die gesamte islamische Welt sollte sich gegen ihre Feinde zusammenschließen – natürlich vor allem gegen Israel und die USA.[70] Der ethisch und religiös völlig unterschiedlich zusammengesetzte Libanon mußte die panarabische Welle und die Infiltration der PLO über sich ergehen lassen. Die PLO bildete im Süden des vom Bürgerkrieg geschüttelten Landes einen Staat im Staat – mit ständigen Angriffen auf Israel und dessen massiven Vergeltungsschlägen. Seit 1989 stehen wieder palästinensische und schiitische Terroristen im Südlibanon. Aufs Ganze gesehen hat die PLO von außen nicht viel erreichen können. Es kam in ihr sogar zur Spaltung.[71]

Am 9. Dezember 1987 begannen die Palästinenser der besetzten Gebiete mit einer Intifada, d.h. arabisch »Abschütteln«. Dieser »Aufstand der Steine« erfaßte sehr schnell die Flüchtlingslager, Städte und Dörfer im Gazastreifen, in Judäa und Samaria. Die Untergrundorganisation Djihad al-Islami – »Islamischer Heiliger Krieg« – hatte die Stimmung für einen Volksaufstand angeheizt. »Ideologisch schöpften die sunnitischen Rebellen aus Gaza neue Kraft aus dem Geist schiitischer Revolutionäre in Teheran und Beirut. Stärker als die Parole ›PLO – Israel no‹ erscholl der islamische Ruf ›Allah akbar – Gott ist groß‹ . . . Instinktiv griffen die jungen Rebellen nun zu den Waffen, die ihnen in der Weltöffentlichkeit – und auch beim israelischen Militär – moralische Anerkennung verschafften. Palästinensische Davids kämpften gegen den israelischen Goliath, der sich mit seiner schweren Rüstung oft unbeholfen und blindlings gegen die leichtfüßigen Steinewerfer wehrte. Ein ganz neues Konfliktmuster.«[72] Die Weltöffentlichkeit wird durch die Medien aufmerksam, und Sympathie für die Palästinenser sowie Antipathie gegen die Israelis regen sich.

Inzwischen setzen die Palästinenser auf Saddam Hussein und erhoffen von ihm ihre »Befreiung«. Während am 2./3. August 1990 im sibirischen Irkutsk die Außenminister der Supermächte über die Sicherung des Weltfriedens verhandelten, setzte Iraks Präsident seine Militärmaschine in Gang und fiel in das benachbarte Öl-Emirat Kuwait ein. Er löste die bisher gefährlichste Krise in dieser Region aus: Jerusalem verglich Saddam sofort mit Hitler und seinen Überfall auf die Tschechei vom 16. 3. 1939, kurz vor dem Zweiten Weltkrieg. In den »besetzten Gebieten« demonstrierten sofort Tausende Palästinenser für den irakischen Diktator. Sie feierten ihn als den »starken Mann, der den Amerikanern die Stirn bietet und die arabischen Massen eint«. Aber auch Besorgnis regte sich auf beiden Seiten, daß es in und neben einem »Großarabischen Reich« keinen Platz geben werde – weder für einen eigenen Palästinenser-Staat noch für den Staat Israel.

Der mögliche Einsatz des Giftgases, das die Deutschen geliefert hatten (!), löste in Israel die traumatische Erinnerung an die Gaskammern von Auschwitz aus. In Israel leben die meisten jüdischen Nazi-Verfolgten. Zu Beginn des Jahres 1990 hatten rund 300 000 Holocaust-Überlebende ihren Wohnsitz dort. Die Allgemeine Jüdische Wochenzeitschrift schrieb dazu: »Mehr als jedes andere Volk müssen wir mit dem Bewußtsein unserer Auslöschbarkeit leben. Für das jüdische Volk ist der Holocaust eben keine Vergangenheit, sondern immer noch Gegenwart ...«[73]

»Gas – erst für Auschwitz, nun an Saddam!« ruft das israelische Volk dem deutschen Außenminister und seinen Begleitern entgegen, als diese nach den ersten irakischen Raketenangriffen das Land besuchen, um die deutsche Solidarität mit Israel zu bekunden. Unter der anhaltenden Bedrohung des jüdischen Staates durch den Irak wird den Menschen der Anteil der Deutschen an Saddam Husseins mörderischer Waffenproduktion immer bewußter – und damit wächst auch die Erinnerung an die Vergangenheit, als die Deutschen die »Endlösung der Judenfrage« mit den Gasöfen in den Konzentrationslagern betrieben. Man könne nicht verstehen, so die Redaktion einer Zeitung, was das für eine deutsche Kultur sei, bei der sich Wissenschaftler so viele Jahre mit Giftgas beschäftigten, »erst für Auschwitz, dann für Saddam Hussein.«[73a]

US-Präsident George Bush hat Saddam Hussein mehrmals mit Adolf Hitler verglichen und die große Gefahr für den Weltfrieden beschworen: »Vor einem halben Jahrhundert hatte die Welt die Chance, einen rücksichtslosen Aggressor zu stoppen und verpaßte sie. Ich versichere Ihnen, wir werden diesen Fehler nicht noch einmal machen«, betonte Bush. Er las in jenen Tagen ein Buch über den Zweiten Weltkrieg und entdeckte Parallelen zwischen dem, was Hitler Polen und was Saddam Hussein Kuwait angetan habe. Es gebe vor allem eine Übereinstimmung in der schieren Brutalität gegenüber der jeweiligen Bevölkerung. »Mein Gott, dies ist das Jahr 1990!« erregte sich Bush. Der ehemalige für den Nahen Osten zuständige Staatssekretär Murphy zeigte sich überzeugt, daß Saudi-Arabien und Ägypten sich nicht auf eine Kompromißlösung mit Saddam einlassen werden: »Sie wissen zu gut, daß sie danach als nächste Opfer Saddam Husseins dran sein werden.«[74]

Und US-Außenminister Baker äußerte sich überzeugt, daß die Aussichten für einen gerechten und dauerhaften Frieden zwischen Israel und seinen arabischen Nachbarn zerstört würden, wenn Saddam sich durchsetze. Israel zeigte sich schockiert über eine eventuelle Bereitschaft westlicher Regierungen zu »Arrangements« mit dem Irak. »Ich habe Angst, daß man das schreckliche irakische Militärarsenal intakt läßt und damit die irakische Gefahr verewigt«, sagte Außenminister David Levy anläßlich seines Frankreich-Besuches der französischen Zeitung »Le Monde«.[75]

Israel hielt sich in der Golfkrise bewußt zurück. Aber man warf ihm in der westlichen Welt vor, durch seine überharte Reaktion auf palästinensische Steinewerfer und Brandstifter sich selbst in die Golfkrise hineingezogen und auf die Tagesordnung der Weltpolitik gesetzt zu haben. Saddam Hussein hatte angeblich (oder wirklich?) einen Traum, in dem der Prophet Mohammed ihm gesagt habe, er habe seine Raketen aufs falsche Ziel gerichtet. Man kann diesen Traum als neue Hinwendung zu einem alten Ziel deuten: Jerusalem! »Bagdad will von eigenen Schandtaten ablenken und die Aufmerksamkeit der Welt auf seinen Erzfeind Israel richten.« Israel jedoch wird beschuldigt, durch die Ankündigung neuer Siedlungsprojekte im Bannkreis Jerusalems, im Zusammenhang mit der Einwanderung sowjetischer Juden, den Unfrieden zu nähren. Umgekehrt schürten Saddams »zwielichtiger Busenfreund« Yassir Arafat und seine PLO im Verein mit der fundamentalistischen Hamas-Bewegung weiter die Intifada der Palästinenser.[76]

Der blutige Zwischenfall auf dem Jerusalemer Tempelplatz am 8. Oktober 1990 hatte für große Aufregung gesorgt. In den Medien ist das Geschehen einseitig zu Lasten der Israelis dargestellt worden. Es ereignete sich in der Mitte des Laubhüttenfestes. Die an der Klagemauer betenden Hunderte von Juden wurden mit einer Menge von zum Teil großen Steinen vom Tempelberg herunter beworfen. Von den Moscheen schallte dazu der Ruf: »Allah akhbar! Allah ist groß!« Für israelische Ohren bedeutet es: »Tötet die Juden!«

Die israelische Polizei sah sich Tausenden von arabischen Fanatikern gegenüber und benutzte nach Tränengas und Warnschüssen auch scharfe Munition. Dabei sind 21 Araber erschossen worden. Der Jerusalemer Polizei ist das

Die alte Westmauer des letzten Tempels, die Klagemauer
(Foto: Hans Lachmann)

als eine nicht angemessene Abwehr zur Last gelegt worden – mit Recht. Angst und Nervosität mag im Spiel gewesen sein.

Schon seit dem Herbst 1928 ließ der Großmufti Amin el Husseini Juden, die an der Klagemauer beten wollten, ständig belästigen. Nicht nur böse Worte fielen, auch Steine wurden geworfen. Dieser einflußreichste und radikalste Palästinenserführer hatte zum Nazi-Deutschland gehalten. Im November 1941 empfing ihn Hitler persönlich.[77]

In der Süddeutschen Zeitung konnte man zu dem »Massaker auf dem Tempelberg in Jerusalem« im Oktober 90 lesen: »Jedes Opfer, auch das brutaler Gegengewalt ist zutiefst zu beklagen. Aber der Zusammenhang mit Saddam Husseins klar geäußerten Zielen der Vernichtung Israels ist zu offensichtlich, und Yassir Arafat hat sich zu eilig selbst demaskiert, als er nach Bagdad eilte. Sein Onkel, der ehemalige Großmufti von Jerusalem Amin el Husseini, Himmlers Endlösungskomplize, würde zufrieden sein, wie zuverlässig sein Neffe, Abd el Rauf Arafat el Qudwa el

Husseini, wie er mit vollem Namen heißt, dem neuen Hitler-Imitator Saddam Hussein zu Diensten ist. Die deutsche Publizistik sollte sich nicht so willig und so billig ins antijüdische Lager umleiten lassen, ja, die deutsche, und auch die gesamtdeutsche schon gar nicht.«[78]

Um Juden zu provozieren, hat man auch ihre religiösen Feiertage benutzt. Am 6. 10. 1973, dem großen Versöhnungstag, dem Jom Kippur, wählten Ägypten und Syrien die Feiertagsruhe zum großangelegten Angriff.

Die erwähnte islamische Widerstandsbewegung »Hamas« gilt als »starker Arm« der weit verbreiteten Moslembruderschaft. Sie fordert, »das Banner Allahs auf jedem Quadratzentimeter des Landes Palästina zu hissen« – mit anderen Worten: die Zerstörung des Staates Israel. In der Charta von »Hamas« vom August 1988 heißt es: »Palästina ist islamisches Erbland aller Moslems bis ans Ende der Zeit. Kein Teil davon darf preisgegeben werden. Kein arabisches Land, kein König, keine Organisation, arabisch oder palästinensisch, ist dazu befugt. Die einzige Lösung des Problems heißt ›Heiliger Krieg‹. Er bringt die Befreiung ganz Palästinas ohne Kompromisse.«[79] Diese fundamentalistisch-islamische Bewegung im Nahen Osten sieht die Lösung des Palästinenser-Problems nur über das große Islamische Reich. »Hamas« lehnt Saddam wie jeden anderen Führer ab, solange er sich nicht bereiterklärt, ein echtes muslimisches Regime zu errichten.[80]

Kurz nach dem blutigen Tempelberg-Zwischenfall wurden in einem Vorort Westjerusalems drei Israelis von einem arabischen Arbeiter erstochen, offenbar aus Rache für die Todesschüsse der israelischen Polizei! Um Vergeltung von Juden an Arabern im Keim zu ersticken, wurde die Polizeitruppe in beiden Teilen der Stadt um 200 Mann verstärkt. Wenige Tage nach dem tragischen Ereignis am Tempelberg, so teilte der israelische Rundfunk mit, hätten sowohl die PLO als auch die islamische Organisation »Hamas« dazu aufgerufen, die Intifada in den besetzten Gebieten anzuheizen und »jeden nur möglichen Juden« zu ermorden. Im israelischen Radio hieß es ferner, auch eine Gruppe »Islamischer Heiliger Krieg« habe sich in Amman (Jordanien) als Auftraggeber für das Attentat zu erkennen gegeben.[81]

Die in Tel Aviv erscheinende Zeitung »Jediot Achronot« kommentierte die akute Lage im Lande: »Wir hatten uns von dem Glauben verführen lassen, daß sich die Intifada langsam beruhigt, aber statt dessen befindet sie sich jetzt auf dem Höhepunkt eines Übergangsstadiums: Wenn wir nicht bald die zunehmende Zahl der Angriffe auf Juden stoppen, dann werden wir schon bald mit der Intifada im Herzen Israels konfrontiert werden ... Es ist möglich und sogar notwendig, aufmerksamer zu werden und für einige Zeit sogar die grüne Linie (Grenze zu den besetzten Gebieten) abzuriegeln. Aber selbst solche Maßnahmen, so effektiv sie auch sein mögen, werden die Intifada, den Versuch der Palästinenser, die israelische Oberherrschaft abzuschütteln, auch nicht ersticken können.« Die ebenfalls in Tel Aviv erscheinende »Ha'arek« meinte sogar, Israel müsse sich von Gebieten mit palästinensischer Bevölkerung trennen. Man übertreibe nicht, wenn man die Wahrheit darlegt und sagt: »Die beiden Völker – Israel und Araber – können nicht in Frieden unter einem Dach wohnen.«[82] Die Terrorangriffe haben eine zunehmende Entfremdung und Verfeindung zwischen Juden und Arabern bewirkt. Und das Tragische ist: Sie sollten es auch. »Die blutigen Vorgänge sind ein Erfolg der Feinde Israels«, klagt die Allgemeine Jüdische Wochenzeitung. »Für beide Seiten gilt, daß eine Verschärfung im innerisraelischen jüdisch-arabischen Verhältnis beiden schadet ... Israels Feinden dagegen wird durch Eindreschen auf den jüdischen Staat signalisiert, daß Gewalt und Unversöhnlichkeit sich lohnen.«[83]

Die Intifada jedoch, das »Abschütteln« der jüdischen Herrschaft in Palästina, hat längst nicht mehr nur den Aspekt der »Befreiung der Palästinenser«, sondern sie ist der Kampf des arabischen Volkes gegen das jüdische Volk um das »Heilige Land« und – wie sich immer deutlicher zeigt – eines Islamischen Großreiches gegen Israel.

Der Golf-Konflikt könnte nach den Worten des sowjetischen Präsidenten Gorbatschow durch »innerarabische Bemühungen« schneller gelöst werden. Die Zeit sei gekommen, den »arabischen Faktor« ins Spiel zu bringen.[84] Aber worin besteht dieser »arabische Faktor«, wenn er ein islamischer ist?

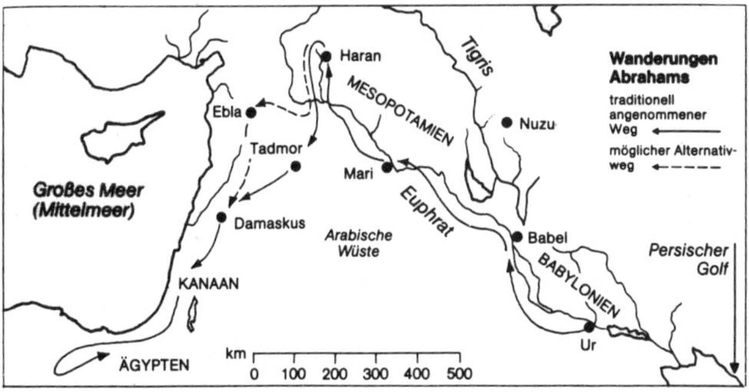

Der Irak hat viele biblische Bezüge: Auf seinem Gebiet soll sich bei den Flüssen Euphrat und Tigris der Garten Eden befunden haben. Hier gab es die ältesten Städte der Erde. Die Gegend ist auch die Heimat Abrahams und Ausgangspunkt seiner Wanderung nach Kanaan (s.o.). In diese Region wurde Israel von dem babylonischen König Nebukadnezar 587 v.Chr. verschleppt.

(aus: Thompson Studienbibel)

Die Meinung, der Islam sei eine Religion, die nicht in unsere Zeit passe, verkennt die Tatsache seiner starken und schnellen Verbreitung gerade in unserer Zeit. Islamische Denker weisen nach, daß die Lehren des Propheten durchweg auch in unserer Zeit anwendbar seien ...[85]

Das Freitagsgebet eröffnete den Ablauf der bedeutsamen Konferenz Islamischer Staaten im Mai 1980 in Pakistan. »Allahu akhbar! – Allah ist über allem!« Dieser Ruf des Muezzin vom Minarett der Moschee ihres Tagungsortes ist den Delegierten kein bloßes Lippenbekenntnis. Die Forderung wird erhoben, den Islam in der Welt zu verbreiten: »Alle Menschen müssen mit den unvergänglichen Lehren des Propheten Mohammed vertraut gemacht werden.« Dem Siegeszug des Islam, darin sind sie sich einig, stehen die Versuche von Ost und West entgegen: »Die christlichen und die kommunistischen Staaten wollen verhindern, daß der Islam Geltung als beherrschende Religion erlangt. Die Allianz von Atheisten und Christen arbeitet durch militärische, wirtschaftliche und propagandistische Mittel an der Niederhaltung des Islam. Es ist Pflicht der Moslems, für die Weltgeltung dieser alleingültigen Religion zu kämpfen.« Die Schriftbänder über den Straßen des Konferenzortes, Pakistans Hauptstadt Islamabad, wiederholen diese Parole: »Der Islam ist die einzig gültige Religion. Der Islam wird herrschen!«[86]

Gerhard Konzelmann ist ein Experte für die Fragen des Islam und war viele Jahre Arabien-Korrespondent der ARD und ständiger Kommentator für Nahostfragen; er verhilft mit seinem Buch »Die islamische Herausforderung« Ursprung und Ziel der islamischen Bewegung zu verstehen und von daher auch die Forderung des Djihad, des islamischen »Heiligen Krieges«. Die ersten Kommuniqués der Islamischen Konferenz 1980 betonen übereinstimmend die Unterstützung des Kampfes der Palästinenser gegen die Israelis. Jerusalem müsse von den Israelis in

»islamische Hand« zurückgegeben werden: »Über dreizehnhundert Jahre haben die Moslems Jerusalem verantwortlich verwaltet und dafür gesorgt, daß die heiligen Plätze offen waren für alle, die dort beten wollten.

Nur Moslems können aufrichtige Wächter in Jerusalem sein, denn ihre Religion schließt auch die Propheten der jüdischen und christlichen Religion mit ein.« (Sie sind tatsächlich im Koran erwähnt, aber der größte und maßgebliche Prophet ist Mohammed.) Um für die Rückgabe von Jerusalem an die Moslems »Propaganda« machen zu können, ist der »Djihad-Fonds«, der für den Heiligen Krieg bestimmte Fonds, gegründet worden. Djihad bedeutet nicht nur den offenen, militärischen Konflikt, sondern jede Form von Auseinandersetzung mit Andersgläubigen. Inzwischen sind beachtliche Beträge aus den Öleinnahmen für den Fonds abgezweigt worden, vornean vom libyschen Präsidenten Ghaddafi. Zweiundvierzig islamische Staaten tragen die »Motamar Islami«, die Organisation der Islamischen Konferenz. Dazu zählen einige der reichsten Staaten: Sie verfügen über gewaltige Beträge, die sie aus dem Ölgeschäft eingenommen haben (besonders aus den westlichen Industrieländern!). Der Islam soll in der Welt den »dominierenden Platz« einnehmen, »der ihm von der Geschichte her zukommt«.[87]

Das religiöse Zentrum des Islam ist seit langem die Al-Akshar-Universität in Kairo, auch die »Blühende« genannt. Dreißigtausend Studenten aus allen Kontinenten lassen sich hier zu islamischen Gelehrten ausbilden. Der Unterricht findet in arabischer Sprache statt; der Koran sowie die Überlieferung weiterer Aussagen des Propheten bilden die verbindliche Grundlage. Die Worte Mohammeds stehen auf einem Eingangstor: »Wahrlich, jede Handlung wird nach ihrer Absicht behandelt. Jeder wird belohnt oder verurteilt nach der Qualität seiner Absicht.« Abdel Monein al Nimr, einer der Autoritäten an der »Blühenden«, betont, »daß die Dynamik des religiösen Aufbruchs im Islam die Unterschiede zwischen Schiiten und

Sunniten (die sich oft bitter bekämpft haben) verschwinden läßt.« Er sieht die gemeinsame Aufgabe beider Erscheinungsformen des Islam darin, die Moslems von den »Denkschablonen der westlichen Welt« zu befreien. Der Kampf des Ajatollah Khomeini gilt als Vorbild.

Für die hohen islamischen Geistlichen steht fest, daß ihre Religion alleinige weltweite Gültigkeit habe.

Die Grundsätze für den islamischen »Heiligen Krieg« gegen die Ungläubigen wurden auf der Vierten Konferenz der Islamischen Forschungsakademie in Kairo festgelegt. Seit der Zeit des Propheten (570 in Mekka geboren und 632 in Medina gestorben) gilt der Djihad als wichtigstes Element in der Ausbreitung und Verteidigung des Glaubens. Der Wortführer jener Konferenz in der »Blühenden« definierte: »Der Heilige Krieg ist vorgeschrieben zur Verbreitung des Glaubens. Wer nicht Moslem ist, dem bleibt nur die Wahl, den Islam mit gutem Willen anzunehmen oder durch den Heiligen Krieg sich dazu zwingen zu lassen. Vom Heiligen Krieg ablassen, verstößt gegen die Gesetze Allahs. Friedensschlüsse sind nur erlaubt, um in Zeiten der Schwäche wieder Kraft zu sammeln für kommende Auseinandersetzungen. Der Heilige Krieg muß die Grundlage der Beziehungen zwischen Moslems und Nichtmoslems sein. Den Moslems steht es frei, jegliche Vereinbarung mit Nichtmoslems zu brechen.«

Die islamischen Missionare in bisher noch nicht islamisierten Weltgegenden sind beauftragt, zu antworten auf die »christliche Herausforderung« und diese Antwort in eine »islamische Herausforderung« zu verwandeln. Dafür bringt Konzelmann das Beispiel des Palästinensers Izzat Tannous mit seiner Anklage gegen die »Christen des Westens«: »Wehe Euch, Ihr Christen des Westens, denn Ihr seid schuld am Massaker Tausender christlicher und islamischer Einwohner des Heiligen Landes! Ihr seid schuld auch an der Vertreibung anderer. Wehe Euch, Ihr Christen des Westens, denn Ihr habt das Heilige Land zu einem Schlachtfeld gemacht! Wehe Euch, Ihr Christen des Westens, denn Ihr habt das Land des Friedens an die Zionisten verkauft! Wehe Euch, Ihr Christen des Westens, denn Ihr habt es zugelassen, daß Moscheen in Steinhaufen verwandelt werden! Wehe Euch, Ihr Christen des Westens, denn Ihr glaubt an das Prinzip, daß die Gewalt im Recht ist, daß das Schwert – nicht Gott – der Herr im Heiligen Land ist! Wehe Euch, Ihr Christen des Westens, Ihr Prediger der christlichen Liebe? Ihr verherrlicht den Sieg von Armeen im Land des Friedensfürsten. Wehe Euch, Ihr Christen des Westens!«[88]

Exkurs 2: Ist ein Dialog zum Frieden möglich?

Im Foyer des Wuppertaler Schauspielhauses zitieren Mitarbeiter des Theaters in einer Non-Stop-Lesung »Worte Gottes für den Frieden« aus Bibel und Koran. Die Aktion begann am 16. Januar nach Ablauf des Ultimatums der UNO an den Irak zur Räumung Kuwaits. Kurz vorher, während der Allianz-Gebetswoche, hatte der Ratsvorsitzende der Evangelischen Kirche in Deutschland (EKD), Bischof Martin Kruse, die Christen aufgefordert, zu erörtern, wie sie Frieden und Gerechtigkeit in der Welt voranhelfen und wie sie die großen Weltreligionen dazu bringen könnten, Konflikte nicht zu verschärfen, sondern lösen zu helfen.

Die Weltreligion in dem Gebiet zwischen Marokko und Pakistan ist der Islam. Dieses weite Gebiet, mit Jerusalem als der drittheiligsten Stadt nach Mekka und Medina in der Mitte, stand vom 7. Jahrhundert bis zum Ersten Weltkrieg unter islamischer Herrschaft. In diesem islamischen Großraum lebten auch Juden und Christen, mehr oder weniger als Bürger zweiter Klasse wie die Juden in den christlichen Ländern. Aber es gab in ihm keinen jüdischen Staat wie Israel seit 1948 in Palästina. Jetzt prallen jüdischer und islamischer Anspruch auf das »Heilige Land« zusammen. Der Gegensatz steigert sich zu unerträglicher Spannung. Die

Moslems werden aus dem Koran für den Kampf gegen Israel motiviert – zum »Heiligen Krieg« im Namen ihres Gottes Allah und seines Propheten Mohammed. »Nur wer den Koran nicht kennt, wird davon reden, daß ein partnerschaftliches Nebeneinander der beiden Religionen ... möglich ist.«[88a]

Der Koran, die Bibel der Moslems, enthält Glaubensgut aus dem Alten Testament, aber arabisiert und gegen die Juden (und auch die Christen) gerichtet. Der Koran vermittelt den Moslems ein Bewußtsein der Überlegenheit nicht nur über die unwissenden Heiden, sondern auch über die Juden und Christen. Und der Sieg über diese in der Geschichte der Ausbreitung des Islam vom Atlantik bis zum Indischen Ozean und tief nach Rußland und Afrika hinein gilt den Moslems als das sichtbare Zeichen dafür, daß Allah der überlegene, der allmächtige Gott und Mohammed sein wahrer, alle Offenbarung abschließender Prophet sei. Wer sich Allah und seinem Gesandten widersetzt, ist letztlich zu vernichten.[88b]

Der »Heilige Krieg« zur Verbreitung des islamischen Glaubens ist vorgeschrieben. Von diesem Krieg abzulassen, verstößt gegen die Gesetze Allahs. Friedensschlüsse sind nur erlaubt, um in Zeiten der Schwäche wieder Kraft zu sammeln für kommende Auseinandersetzungen. Den Moslems steht es frei, Vereinbarungen mit Nichtmoslems zu brechen. Der Islam erhebt den Anspruch, der alleingültige Glaube für alle zu sein. Dem Ruf zum »Heiligen Krieg« hat jeder Moslem zu folgen. Wer in diesem »gottgewollten« Krieg fällt, gilt als ein Märtyrer Allahs und verdient sich den Himmel.[88c]

In Israel jedoch gibt es Gemeinden aus Arabern und Juden, die sich in Christus eins wissen. »Daher, wenn jemand in Christus ist, so ist er eine neue Schöpfung. Das Alte ist vergangen. Siehe, Neues ist geworden« (2. Korinther 5,17). »Denn er, Jesus Christus, ist unser Friede« (Epheser 2,14).

X. Der Glaube in Israel

> »Mit dem Gotteswort an Abraham nimmt die eigentliche Geistesgeschichte der Menschheit ihren Anfang ... Die Botschaft Abrahams weiterzutragen und unermüdlich zu verkünden, wurde stets als die wichtigste Aufgabe des Judentums betrachtet.« Rabbiner Joel Berger

Den zum Ende hin zunehmenden Antisemitismus überwinden wir, indem wir die Hoffnung für Israel festhalten und sie in Wort und Tat bezeugen. Wir nehmen die göttliche Verheißung und die noch ausstehende Vollendung ernst, indem wir für die Juden liebevoll beten. Wilhelm Löhe (1808–1872), ein evangelischer Theologe und Vater der Diakonie (Neuendettelsau/Bayern), betonte mit anderen Theologen nachdrücklich die Eigentümlichkeit Israels als heilsgeschichtliches Volk und die Größe seiner endgeschichtlichen Mission: »Der Herr ist aus Israel, unser Heil kommt von den Juden. Schon diese zwei Sätze reichen hin, unsere Liebesflamme (zu Israel) zu erhalten und zu schüren.« Der rheinische Theologe Heinz Kremers stellt in seiner Schrift »Das jüdische Volk ist immer noch ›Israel‹ – Volk Gottes« nach Römer 9,1–5 fest, daß z.B. die Israel zugesprochenen »Bündnisse« ewig Geltung haben. Das Volk Israel behält in der Heilsgeschichte seinen hohen Rang, wie schon der Erlanger Theologe Christian von Hoffmann (1810–1877) nachwies.

Der württembergische Theologe Erich Lubahn stellt die beiden unterschiedlichen, aber doch verwandten heilsgeschichtlichen Linien Israel und Gemeinde heraus.[89] In seiner Schrift »Judenmission in heilsgeschichtlicher Sicht« unterscheidet er Judenmission von Heidenmission: »In der Urgemeinde luden Juden Heiden ein, an ihrem Erbe teilzunehmen. Wenn wir uns heute anschicken, als Heidenchristen den Juden ein Zeugnis zu sein, dann laden wir sie nicht ein, an ›unserem Erbteil‹ teilzunehmen, sondern wir bringen ihnen das ihre zurück ... Grundlage des Gesprächs sollte die gemeinsame Wurzel, der gemeinsame Gott und das gemeinsame Ziel sein. Bei diesen Gemeinsamkeiten soll das Trennende nicht verwischt werden ... Das gemeinsame Ziel bedeutet für die Christen die Wiederkunft Jesu Christi und für den Juden die Ankunft des Messias. Das christliche Zeugnis wird dann immer ein persönliches Glaubenszeugnis sein müssen, das sich in der praktizierenden Liebe Jesu äußert. Ein solches Glaubensbekenntnis bahnt sich selbst seinen Weg. Es ist Gottes Sache, was er mit unserem Zeugnis macht. Nach dem Zeugnis aller Propheten hat sich Gott die Bekehrung seines Volkes selber vorbehalten. Dabei wissen wir aus dem prophetischen Zeugnis des Neuen Testamentes, daß dies in zwei Etappen geschieht: einer Minderheit, ›ehe der Tag des Herrn kommt‹ (Joel 3,4; Röm. 11,7; Offb. 7,1–8), und ›ganz Israel‹, wenn die Vollzahl der Nationen eingegangen ist (Röm. 11,26).« In bezug auf die Juden heute, die in Israel ansässig sind und an Jesus als ihren Messias zu glauben beginnen, fordert Lubahn, daß diese nicht aus ihrem Volk gelöst werden dürfen.

Einen großen theologischen Einfluß auf die Beschlüsse der Rheinischen Landessynode 1980 hat Berthold Klappert, Professor an der Kirchlichen Hochschule in Wuppertal, ausgeübt. These 4 besagt, daß die »fortdauernde Existenz des jüdischen Volkes, seine Heimkehr in das Land der Verheißung und auch die Errichtung des Staates Israel Zeichen der Treue Gottes gegenüber seinem Volk sind.«[90]

Die Rückkehr – die Heimkehr in das Land, Eretz Israel, gehört zum Glauben der Juden! Das Wort »Teschuwa«, Umkehr (Sach. 1,3), weist sie immer in Richtung der beiden Bedeutungen. Der Rabbiner Alkalay in Semlin unterstreicht schon 1840: »Es gibt zwei Arten von Rückkehr, die individuelle und die kollektive. Die kollektive Rückkehr bedeutet, daß Israel ins Land seiner Vorfahren zurückkehren muß, um dort den göttlichen Willen zu vernehmen und das Joch der Himmel auf sich zu nehmen. Diese Rückkehr wurde von unseren Propheten trotz unserer Unwürdigkeit angekündigt. Der Himmel wird uns um der Liebe unserer Väter willen helfen. Die individuelle Rückkehr schließt ein, daß jeder seinen bösen Neigungen den Rücken kehren und sich bekehren soll.«[91] Die Zusammengehörigkeit zwischen dem jüdischen Volk und dem ihm von Gott gegebenen Land zieht sich wie ein roter Faden durch dessen ganze Geschichte und gehört zur Glaubensweise in Israel. Israel – das ist ein Volk, ein Land, eine Sprache. Die Gemeinde Jesu Christi, der Leib Christi – das ist eine Körperschaft aus allen Völkern, aus allen Ländern, in allen Sprachen (vgl. Offb. 5,9.10). Gott der Herr aber ist der eine und derselbe und sein Sohn – der »Gesalbte«, der Messias, Jesus Christus.

Aus Predigten zu Rosch Haschana, dem jüdischen Neujahrsfest am 20./21. September 1990 in Hamburg war die Frage zu hören: Was können wir Juden tun, um den Bedrohungen und dem Unheil zu entgehen? Was gibt uns Hoffnung, Kraft und Mut? Erleben wir nicht, daß die Ungerechten skrupellos ihr Leben genießen, während die Gerechten trotz ihrer Frömmigkeit leiden? Der Rabbiner verwies auf Hiob, den wahrhaft Frommen. Aber bestehen wir die Prüfungen? »Wie kann man noch glauben, nachdem die Frömmsten und Unschuldigsten, darunter (unter den sechs Millionen) eine Million Kinder, umgekommen sind?« Aber nennt der Prophet Jesaja nicht Assyrien die »Zuchtrute Gottes«? Oft leiden wir mehr durch Menschen als durch Naturkatastrophen. »Konnte Gott deshalb nicht die Verbrechen der Nazis und ihrer Helfershelfer aufhalten und sein Volk Israel in Freiheit führen? Spricht der Holocaust von Gottes Ohnmacht?« Der Rabbiner fährt fort: »Für uns Juden, nicht nur für die Juden in Europa, ist der Holocaust die Mitte unserer jüdischen Existenz . . . Viele Juden haben sich nach der Schoa in die Isolierung begeben. Aber eine solche Reaktion auf den Holocaust ist abzulehnen, weil eine solche Haltung zutiefst unjüdisch ist. Eine Abkapselung von der Welt wäre eine Verfälschung des Judentums. Unsere Botschaft ist nicht nur eine Botschaft für Israel, sie ist Lehre für alle Völker, die sich zu Gott bekehren wollen. Eine andere Versuchung auf den Holocaust ist der Versuch, in der nichtjüdischen Umwelt aufzugehen. Sowohl die eine als auch die andere Haltung ist eine unjüdische Antwort. Die Flucht vor dem Judesein wird zur Selbstvernichtung ... Gott fordert immer wieder das Martyrium, aber das Volk wird gerettet werden. Und das ist die Botschaft unserer Tage: kein Paktieren mit dem Zerstörer, selbst nicht unter dessen Beschwörung des Friedens.«[92]

In solch einem jüdischen Glaubenszeugnis deutet sich schon an, daß eine Sammlung des jüdischen Volkes in seinem Land nicht Selbstzweck sein kann, sondern eingebettet sein muß in Gottes Plan, der die ganze Welt umgreift. Der Religionswissenschaftler Gershom Scholem sieht (im Jahre 1970) darin die Funktion des Zionismus, der Heimkehr der Juden ins Land. Hier muß das Überleben und die Identität dieses Volkes gewährleistet sein. Seine Sammlung, d.h. seine Rückkehr nach Zion, soll der Ausgangspunkt für die Sendung Israels werden.[93]

Eine endzeitliche Sicht hat der bekannte jüdische Religionsphilosoph Martin Buber (1878–1965) schon 1916 zum Ausdruck gebracht: »Wir wollen Palästina nicht ›für die Juden‹; wir wollen es für die Menschheit, denn wir wollen es für die Verwirklichung des Judentums ... Und eben dies ist der Glaube, daß das wiederhergestellte Zion das Bethaus für alle Völker und die Mitte der Erde wird, die zentrale Stätte des Gebetsfeuers, in dem das ›blutbefleckte Kriegskleid verbrannt‹ (Jes. 9,4) und die ›Schwerter zu Pflugscharen umgeschmiedet werden‹ (Jes. 2,4).«[94]

In Israel lebt der Messianismus. Er hat zum Ziel, daß Gerechtigkeit und Frieden in dieser Welt sich durchsetzen werden. Und der Glaube an den Messias gehört zum Judentum. Er wird aus Zion erwartet (vgl. Röm. 11,26). »Viele Juden und auch nicht wenige Christen, die den Platz vor der Westmauer (sogen. Klagemauer) des Tempelberges betreten, wähnen sich in der Wartehalle des Messias zu sein.

Der Platz und die riesige Steinwand vor ihnen läßt sie buchstäblich nach oben schauen. Ihre unverkennbare Sehnsucht ist, bald auch oben auf dem Tempelberg beten zu dürfen. Und nicht nur das. Bald möge auch der Tempel wieder aufgebaut werden und der Messias erscheinen. Verbunden ist damit die Hoffnung auf einen wirklichen und dauerhaften Frieden in einer zukünftigen Welt, in der der Glaube an Gott und sein Wort im Mittelpunkt menschlichen Denkens und Handelns steht.«[95]

Vorbereitungen für den Wiederaufbau des Tempels, Neubildung der Tempelgeräte und -gewänder geschehen bereits und ebenso die Schulung von Priestern und Dienern für den Tempeldienst. Es gibt dafür in Jerusalem ein besonderes Tempelinstitut.[96] Werner de Boor schreibt von dem Tempel, daß »wir seine Wiedererrichtung in Jerusalem genauso erleben werden, wie wir bereits die Entstehung eines ›Staates Israel‹ wider alles menschliche Erwar-

Prominente Israelis über den Messias

Nachman Ben Jakov
ehemaliger israelischer Staatskontrolleur, Träger des Bundesverdienstkreuzes 1. Klasse:

„Die Ansicht des größten Teils der Bevölkerung in Israel ist, daß wir uns in der Epoche des Kommens des Messias befinden. Wir leben in der Zeit, in der wir sehnlichst den Messias erwarten."

Schalom Ben-Chorin
theologischer Publizist, prominentester Vertreter des israelischen Reformjudentums:

„Ich rechne nicht mit einem personhaften Messias, wohl aber mit dem Kommen des messianischen Reiches. Ich sehe im Messias ein Symbol. Und ich glaube von ganzem Herzen an das Kommen des Reiches Gottes."

David Flusser
Professor für Religionsgeschichte und Neues Testament an der Hebräischen Universität in Jerusalem; Qumranforscher:

„Ich bin überzeugt von der Möglichkeit, daß Jesus Christus auch für die Juden der kommende Messias sein könnte."

Jitzhak Navon
israelischer Staatspräsident (1978-83); von 1952-63 Leiter des Büros von David Ben Gurion, von 1973-78 Präsident des Zionistischen Weltkongresses, seit 1988 Erziehungsminister:

„Hoffentlich kommt der Messias recht bald. Ich gebe ihm sofort die Schlüssel zu meiner Präsidentenkanzlei."

ten erlebt haben«.[97] Die jüdische Orthodoxie rechnet teilweise schon mit dem baldigen Kommen eines »personhaften Messias aus dem Hause Davids«. Die Reformjuden sehen im Messias mehr eine »Symbolgestalt«. Sie erwarten das Kommen des »Messianischen Reiches«.

Es gibt im religiösen Judentum *drei* Hauptrichtungen. In einem Gespräch zur gegenwärtigen religiösen Lage in Israel äußerte sich Professor Schalom Ben-Chorin, Jerusalem, über die Unterschiede dieser Richtungen: »Das *orthodoxe Judentum* stellt die Nachfolge des pharisäischen Judentums dar, wobei Sie pharisäisches Judentum natürlich nicht im Sinne des Neuen Testamentes negativ verstehen dürfen. Kern der Verkündigung des orthodoxen Judentums ist das Gesetz. Und so könnte man besser von einem gesetzestreuen Judentum sprechen. Der Grundgedanke dabei ist, daß das Judentum eine ein für allemal gegebene statische Größe ist. Nichts kann und darf verändert werden. Der Antipode dazu ist nun das *Reformjudentum,* das Bleibendes und Vergängliches im Judentum unterscheidet. Wir sagen, die Heilswahrheiten des Glaubens sind unveränderlich. Der jüdische Monotheismus (Ein-Gott-Glaube): Höre Israel, der Herr, unser Gott, der Herr ist einer!, die prophetische Ethik: Liebe deinen Nächsten, er ist wie du! und die messianische Hoffnung: Das Reich Gottes als das Ziel der Geschichte – das alles bleibt unveränderlich. Aber alles, was zur Erscheinungswelt des Glaubens gehört, ist der Veränderung anheim gegeben. So haben wir zum Beispiel die Liturgie der Synagoge in einer Weise verändert, die für die heutigen Menschen tragbar ist. Die Rolle der Frau ist im Reformjudentum eine völlig andere als in der Orthodoxie. Die Frauen sind in unseren Gemeinden voll gleichberechtigt und werden seit etwa 10 Jahren auch zum Rabbinat ordiniert. Etwas, was in der Orthodoxie gar nicht denkbar wäre und was es dort deshalb nicht geben kann. Zwischen den beiden extremen Haltungen steht als Vermittlungstheologie das *konservative Judentum,* das heute in Amerika die größte Gruppe darstellt. Es nennt sich auch ›historisches Judentum‹ und will alles erhalten, was im Judentum lebendig geblieben ist.«[98]

Jesus Christus wird von den meisten Juden gegenwärtig immer noch als Messias abgelehnt. Nach Befragen bekannter Juden und Judenchristen sowie jüdischer Literatur und biblischer Texte führt der theologische Publizist Fritz May drei Gründe an: als *historischen* Grund, die Verfolgung der Juden durch »christliche« Völker und die immer noch offensichtliche Unerlöstheit dieser Welt; als *theologischen* Grund, die Gottheit Jesu Christi, die »Menschwerdung Gottes« in Jesus Christus und den Sühne- und Heilstod Jesu am Kreuz; als *heilsgeschichtlichen* Grund – »Israel ist zum Teil Verstokkung (Blindheit) widerfahren, bis die Vollzahl der Nationen eingegangen sein wird« (Röm. 11,25; vgl. Röm. 11,8 und 2. Kor. 3,12–16).[99] Warum können gerade wir Christen in Deutschland dem Volk der Juden so wenig ein Zeugnis von Jesus Christus als seinem Messias sein? Ich kann nur dem das Heil bezeugen, den ich liebe. Paulus kann bekennen: »Das Wohlgefallen meines Herzens und mein Flehen für sie zu Gott ist, daß sie errettet werden!« (Röm. 10,1)

Inzwischen mehren sich in Israel die »messianischen«, an Jesus Christus gläubigen Juden, die ihn als Messias erwarten. Sie bleiben ihrem jüdischen Volk verbunden. Die gegenwärtige politische Entwicklung scheint sich sogar günstig zu erweisen für die Ausbreitung des christlichen Glaubens durch die Judenchristen im Land. Unter den großen Scharen einwandernder sowjetischer Juden gibt es viele Christen. Die Zahl der judenchristlichen Gemeinden wächst. In ihnen leben auch Christen aus Juden und Arabern zusammen. Und gerade dies erweist sich als Zeugnis für den »Friedensfürst Jesus«. Sie erwarten das baldige Kommen Jesu Christi.

Wir, die Christen, die Gemeinde Jesu Christi, wollen die Bitte einer messianischen Jüdin aus Israel hören und beherzigen[100]:

> »Betet für uns! Betet für das ganze Volk Israel, daß es bald Jesus als seinem Messias begegnet!«

XI. Erwählung und Leiden Israels

Ich stehe zu Israel, weil ich Jesaja 40,1–3 als ein Wort Gottes an mich verstehe:

»Tröstet, tröstet mein Volk« – heißt für mich, daß ich mich dem Schmerz des jüdischen Volkes aussetzen will, um ihn ein kleines Stück mit zu tragen. Ich bin dem jüdischen Volk schuldig, ihm zu sagen, daß es bei Gott eine große Zukunft hat und daß es unter großen Verheißungen Gottes steht.

»Bereitet dem Herrn in der Wüste einen Weg« – heißt für mich, durch Treue und Liebe die christlichen Schutthaufen vor der Seele des jüdischen Volkes wegzuschaufeln, die wir in den Jahrhunderten angehäuft haben.

Ich möchte Israel lieben, damit mein Brudervolk den Messias erkennt, der zuerst ihm gehört, seinen Messias . . . Wir haben die Straße nach Auschwitz mitgepflastert, laßt uns den Weg nach Zion mitbauen!

Zwickau, 3. 11. 1989 – noch während der SED-Herrschaft in der DDR

Die antisemitischen Elemente im Islam sind vom Antisemitismus der Christen belebt. Die Feindschaft gegen die Juden ist nicht eine Erfindung von Arafat und Hitler. Sie begann bei den Kirchenvätern. Und was Luther 1543 zur Bekämpfung der Juden empfahl, das verwirklichte Hitler. Karl Barth äußerte betroffen 1938 nach der »Reichskristallnacht«: »Antisemitismus ist Sünde wider den Heiligen Geist.« In der letzten Konsequenz ist er Widerspruch, ja Aufruhr gegen den HERRN und seinen Gesalbten, den Messias, den Christus selbst (Ps. 2,1–3). Deshalb wendet er sich auch gegen die Christen, die Gemeinde des Christus. Es ist bereits ein Slogan unter fanatischen Moslems: »Am Sabbath töten wir die Juden, am Sonntag die Christen!«

Hier wird deutlich, daß Juden und Christen gegenüber den Wogen des Hasses, der religiösen, ideologischen und politischen Eifersucht, in einem Boot sind. Wo in totalitären Staaten sich Christen zu Juden in der Verfolgung bekannten, gerieten sie unter dieselbe Verfolgung. Im Dritten Reich war selbst das öffentliche Beten für die Juden eine Gefahr für Christen und noch mehr die Gewährung von Schutz. »Innerlich überwunden ist die Feindschaft gegen Israel nur dort, wo wir die den Juden zugewiesene Rolle im Plan Gottes ernst nehmen und mit ihnen zusammen auf die sichtbare Vollendung der schon angebrochenen Herrschaft Gottes warten. Das bedeutet, daß wir sie nie aufgeben und auch in den Stunden ärgster Bedrohung die Gemeinschaft mit ihnen nicht aufkündigen dürfen. Denn durch den Bund des erwählenden Gottes Israels gehören wir zusammen. Oft genug haben wir leider diese Zusammengehörigkeit aus Angst oder Unkenntnis verleugnet ... In den evangelischen Gemeinden Hollands war man wach und hellhörig geworden; gegen die Judendeportation wurde durch eine Kanzelerklärung (1942) protestiert, an die sich ein Gebet anschloß, in dem es heißt: ›... In Sonderheit gedenken wir des Volkes Israel, das harten, bitteren Prüfungen ausgesetzt ist. Du hast es nicht verworfen ewiglich; denn in dir ist die lebendige Verheißung ihrer Zukunft. Hilf ihm standhaft zu bleiben. Hilf ihm, daß es sich zu dir bekehre und der Erlösung teilhaftig werde, die du uns in Christus, deinem Sohn, dargeboten hast.‹ Man sieht deutlich, wie die Hoffnung für Israel nicht nur gegen den Antisemitismus immunisiert, sondern auch die Glieder der Gemeinde zu einem klaren Nein gegenüber diesem furchtbaren Feind und zu einem tapferen Eintreten für die Juden ermutigt.«[101]

Es war in der christlichen Kirche immer nur eine Minderheit, die sich so für Israel aussprach, betete und einsetzte. Wie kam es aber, daß diese Hoffnung für Israel in der Christenheit in den Hintergrund gedrängt und verdunkelt wurde? Rudolf Pfisterer meint nicht fehl zu gehen, »wenn man die Erkaltung und Entartung dieser echten, Israel einschließenden Hoffnung mit der Machtergreifung der Kirche nach dem Übertritt Kaiser Konstantins (306–337) zum

Jerusalem – die ewige Stadt (Foto: Hans Lachmann)

Christentum in Zusammenhang bringt. In einer unerlaubten Vorwegnahme der Sichtbarkeit ... neigte man immer mehr zu einer Identifizierung der Christenheit mit dem Reich Gottes. Diese Gleichsetzung ließ natürlich für eine echte, auf die Wiederkunft Christi gerichtete Eschatologie keinen breiten Raum mehr übrig; damit schob sich auch die Enderwartung von dem alles beherrschenden Zentrum immer mehr an den Rand. In der Freude und dem Dank über den zeitlichen Sieg – mit all seinen Erleichterungen vom Druck der Verfolgungen (in den ersten Jahrhunderten) – begann man sich auf dieser Welt allmählich heimisch einzurichten, nahm das Unterwegssein der Kirche nicht mehr ernst und drängte damit tatsächlich die Erwartung des letzten Triumphes Gottes auf die Seite ... Aber gerade die Juden ordneten sich in dieses Gefüge eines christlich-irdischen Imperiums nicht ein; sie blieben wie ein erratischer Block außerhalb dieses Reichsneubaus und wirkten gerade durch ihre Nichtbeteiligung störend und – mahnend.«[102]

Gerade weil Israel Gottes erwähltes Volk ist und bleibt, ging und geht es durch Leiden. Und ebenso geht die Gemeinde Christi durch Leiden. Es sei denn, sie gibt ihr Anderssein als Gemeinde auf in der Angleichung und dem Aufgehen in der Welt.

Das 20. Jahrhundert ist als das »Jahrhundert der Flüchtlinge« bezeichnet worden – ein Beweis für Gewalt und Unterdrückung, Hunger und Elend in den meisten Ländern. Der Einwanderungsdruck auf die reichen Industrieländer hält an, solange die ungeheure Kluft zwischen den reichen und armen Nationen nicht beseitigt wird. In herausragender Weise lebt das jüdische Volk in der Flucht – von einer Nation zur anderen, bis es wieder in sein Land zurückgekommen ist. Und auf diesem nun schon zweitausendjährigen Fluchtweg hat es ungeheure Verluste erlitten. Aber das Besondere ist, daß es dabei sein Judesein nicht verloren hat.

Im vergangenen Jahr fanden mancherorts in Deutschland Gedenkfeiern statt, auf denen man sich anläßlich des »9. November« mit der Geschichte der Juden auseinandergesetzt hat. Viermal spielte in unserer deutschen Geschichte in diesem letzten Jahrhundert der 9. November eine ganz bestimmte Rolle: 1918, am Ende des verlorenen Ersten Weltkrieges, die Ausrufung der Weimarer Republik; 1923, beim Aufbruch des verhängnisvollen Nationalsozialismus, der gescheiterte Hitlerputsch in München; 1938, auf der Höhe des Nazi-Reiches als Auftakt zum europaweiten grausamsten und vernichtendsten Pogrom die Reichspogromnacht, die man hämisch verklärend als »Reichskristallnacht« bezeichnet hat; schließlich 1989 die Öffnung der Grenzsperre zwischen DDR und Bundesrepublik als Beginn der am 3. Oktober 1990 vollzogenen Vereinigung. Die Juden besinnen sich – nach jenem Holocaust. In den Worten des Holocaust-Theologen Emil Fackenheim heißt es: »Es ist Juden verwehrt, Hitler zu einem posthumen (nachträglichen) Sieg zu verhelfen. Es ist ihnen geboten, als Juden zu überleben, auf daß das jüdische Volk nicht untergehe ... Es ist geboten, der Opfer von Auschwitz zu gedenken, damit ihr Andenken nicht verschwinde. Es ist ihnen verwehrt, am Menschen und seiner Welt zu verzweifeln und entweder in Zynismus oder in die Unwirklichkeit zu entfliehen, damit sie nicht zu Handlangern derer werden, die die Welt den Mächten von Auschwitz ausliefern wollen. Und endlich ist es ihnen verwehrt, am Gott Israels zu verzweifeln, damit das Judentum nicht untergehe.« Dann die Frage nach dem Auszug der Juden aus den Nationen und nach ihrer Heimat: »Wo ist ihre Heimat? In Baden (vor der Deportation der badischen Juden im Jahre 1940), in Israel – oder sind sie nirgendwo zu Hause?« Und dann das mangelnde Verstehen: »Auch heute noch trennen Welten Juden und Nichtjuden . . . Abgründe von Aneinander-Vorbeireden tun sich hier auf. Die einen meinen, es sei alles schon so lange her. Die anderen fühlen täglich den Schmerz der Verlassenheit oder sie leiden daran, fühlen sich schuldig, überlebt zu haben. Die einen meinen, es müsse doch erlaubt sein, den Staat Israel zu kritisieren, die anderen wissen, daß die Gründung dieses Staates nach 2000 Jahren Verfolgung und Leid der einzige Trost nach Auschwitz sein kann. Sinngebung der Unsinnigkeit: der wichtigste Einschnitt in der jüdischen Geschichte seit dem Auszug aus Ägypten.«

Und wie empfinden die Juden sich in ihrer nichtjüdischen Umgebung? »Was Juden den Schlaf und die Geborgenheit nimmt, ist – wie sie meinen – die fehlende Sensibilität ihrer Umgebung. Dazu gehört der fatale Hang zur Aufrechnung, daß man Unvergleichliches miteinander zu verrechnen trachtet: die Vernichtung von Millionen Unschuldiger mit dem Versuch, einer Rebellion im Westjordanland Herr zu werden, die Leiden der Deutschen nach 1945 mit Auschwitz überhaupt vereinen oder sich darin gefallen, die Israelis als die Nazis von heute zu bezeichnen.«[103]

Fehlende Sensibilität den Juden und Israel gegenüber – auch in der Gemeinde Jesu Christi? Wie können Christen immer »noch heimlich in den alten Traditionen von Verwerfung und Verfluchung der Juden befangen« sein!? Daß beide, Israel und die Gemeinde, von der Erwählung umschlossen sind, haben in jüngster Zeit gleich zwei Synoden Evangelischer Landeskirchen in Deutschland bezeugt. Die

Yad Vashem, Holocaust-Mahnmahl in Jerusalem
(Foto: M. Scharnowski)

Rheinische Synode am 11. 1. 1980: »Wir glauben die bleibende Erwählung des jüdischen Volkes als Gottes Volk und bekennen, daß die Kirche durch Jesus Christus in den Bund mit seinem Volk hineingenommen worden ist.« In der gleichen Richtung äußerte sich die Provinzialsynode der Evangelischen Kirche in Berlin-Brandenburg am 20. 5. 1984: »Der Bezeugung des Evangeliums vor Israel dient deshalb heute vor allem ein christliches Leben, das das Ja Gottes zur bleibenden Erwählung Israels erkennen läßt; so kann sich die Gemeinde Jesu Christi als die Gemeinschaft erweisen, die mit dem Israel erwählenden Gott versöhnt ist.«[104]

Die heilsgeschichtliche Bedeutung der Juden ist nicht aufgegeben. Nach dem lange üblichen Schema einer *Zwei*teilung der Menschen in Christen und Nichtchristen (Nationen) müßten die Juden der nichtchristlichen Seite zugezählt werden. Und das gerade ist nach dem Alten und ebenso nach dem Neuen Testament unmöglich. Der aus den Juden kommende »Lehrer der Nationen« (1. Tim. 2,7), der Völkerapostel Paulus, sagt dazu in seinen heilsgeschichtlichen Israel-Kapiteln in der Mitte des Römerbriefes (Kap. 9–11) ein entschiedenes »Das sei ferne!« »Hinsichtlich der Auswahl« sind sie »Geliebte um der Väter willen. Denn die Gnadengaben und die Berufung Gottes sind unbereubar.« (Röm. 11,28–32) – Der Gemeinde aus der griechischen Nation bezeugt Paulus vielmehr eine *Drei*teilung der Menschheit nach der Berufung der Gemeinde: Israel, die Gemeinde Gottes und die Nationen (1. Kor. 10,32). Zu Israel (Juden) und den Weltvölkern (Griechen) tritt die Gemeinde als das »dritte Geschlecht«[105] hinzu. Das Judentum ist auch weiterhin nicht eine Religion und Religionsgemeinschaft neben den anderen Religionen in dieser Welt. Aus der Berufung Abrahams hervorgegangen (1. Mose 12), bleibt es unter der Verheißung »um der Väter willen« und auf den Messias bezogen, auch wenn es diesen zu einem großen Teil nach seinem ersten Kommen verfehlt hat. Die Sehnsucht nach Zion, von wo der Retter kommen und das messianische Reich, die Königsherrschaft Gottes, aufrichten wird, lebt weiter in dem unter die Nationen zerstreuten Volk der Juden. »Die Königsherrschaft Gottes« ist das Endziel der Heilsgeschichte: »Damit Gott alles in allen sei« (1. Kor. 15,28). »Das ›Reich‹ ist darum das eigentliche Grundthema der Bibel. Der Glaube an ein sichtbares Gottesreich noch auf der alten Erde war ursprünglich (auch wie bei den Juden) allgemeiner Geistesbesitz der Christen. Erst mit dem Beginn des werdenden Katholizismus ist er verloren gegangen, um jedoch wieder in den letzten Jahrhunderten neu auf den Leuchter gestellt zu werden. In der Tat, nur ein dreifacher Grundfehler der Schriftauslegung vermag an dieser biblischen Wahrheit vorbeizusehen: eine unklare Vermischung von Israel und der Gemeinde, eine voreilige Verwechslung des Gegenwärtigen mit dem Zukünftigen und eine einseitige Vergeistigung der alttestamentlichen Reichsprophetie.«[106]

Auch das heutige Volk der Juden, Israel, weist hin auf die »Einlösung der Verheißungen, die sich erst noch ereignen muß. Dieses Volk lebt – und die Kirche (die Gemeinde Gottes) ebenfalls, denn die christliche Hoffnung ist die Tochter der jüdischen Erwartung – von diesem Hoffen auf die Treue Gottes.« Aber, und hier wird das auf die Erwählung folgende Leiden verständlich: »Diese unerschütterliche, nach vorwärts gerichtete Hoffnung der Juden ist ein Pfahl im Fleische aller menschlichen Projekte und Programme, die irgendein Paradies auf Erden errichten wollen; dabei spielt es keine Rolle, ob das Bild von diesem Paradies mehr ›christlich‹ oder mehr kommunistisch (oder wie auch immer) getönt ist. Die Juden sind hier wie ein ›erratischer Block‹, der sich in das Gebäude der menschlichen Weltanschauungen nicht als irgendein Grund- oder Baustein einfügen läßt. Diese Durchkreuzung nimmt man den Juden von jeher übel. Als Christen sollten wir aber hier nicht in irgendeiner Weise aufbegehren, sondern uns daran erinnern lassen, daß die Juden eine nicht wegzuräumende Barriere gegen jede Art von sichtbarer Vorwegnahme des Reiches Gottes in dieser Welt bilden. Sie rufen uns unüberhörbar ins Gedächtnis, daß auch wir Christen ›hier keine bleibende Stadt haben, sondern die zukünftige suchen‹ (Hebr. 13,14).«[107]

Auf der Zweiten Vollversammlung des Ökumenischen Rates der Kirchen in Evanston (1954) unter dem Thema »Christus – die Hoffnung der Welt« wurde in der Schlußbotschaft Israel und den Juden ein Platz verweigert. Ein entsprechender Antrag war von der Mehrheit abgelehnt worden. Eine kleine Minderheit (24 von 245 Delegierten) gab jedoch eine Sondererklärung ab: ». . . Ein Glied der Kirche zu sein bedeutet daher, mit den Juden zusammengeschlossen zu sein in unserer einen, unteilbaren Hoffnung auf Jesus Christus. Unsere Hoffnung auf den kommenden Sieg Jesu Christi schließt in Christus unsere Hoffnung für Israel und den Sieg über die (zeitweilige!) Blindheit seines eigenen Volkes ein . . .«[107]

Durch die Erwählung Israels hat der lebendige Gott dieses Volk für sich beschlagnahmt, hält ihm die Treue – und zwar aus lauter Liebe und letztlich zum Segen für die ganze Menschheit: »In dir sollen gesegnet werden alle Geschlechter der Erde . . . Nicht weil ihr mehr wart als alle Völker, hat der HERR sich euch zugeneigt und euch erwählt – ihr seid ja das geringste unter allen Völkern –, sondern wegen der Liebe des HERRN zu euch, und weil er den Eid hielt, den er euren Vätern geschworen, hat der HERR euch mit starker Hand herausgeführt und dich erlöst aus dem Sklavenhaus, aus der Hand des Pharao, des Königs von Ägypten« (1. Mose 12,1–3; 5. Mose 7,7.8).[108] Gott hat Israel für alle Zeiten »bis in Ewigkeit« (Ps. 89,5) erwählt, und seine Erwählung ist unwiderruflich (Röm. 11,29). »Ich (Paulus) sage nun: Hat Gott etwa sein Volk verstoßen? Das sei ferne! . . . Gott hat sein Volk nicht verstoßen, das er vorher erkannt hat« (Röm. 11,1.2).[109]

Gewiß hat Gott sein Volk je und je bestraft für seinen Unglauben, für seine Untreue und schließlich für seine Mitschuld am Tod Jesu. Er hat dies auf mancherlei Art und Weise im Laufe der wechselvollen Geschichte Israels getan. Er hat sein Volk schwere Leidenswege geführt, aber nicht im Sinne einer Vernichtung und Ausrottung, sondern letztendlich aus Vaterliebe im Sinne einer gnädigen Heimsuchung. Und wenn Gottes auserwähltes Volk in seiner Endzeit, zwischen dem Kommen und dem Wiederkommen des Messias, »in den Hintergrund der Welt- und Heilsgeschichte« treten mußte, dann geschah es auch im Sinne seiner Berufung zum Segen der Menschheit. Gottes Heilshandeln hat sich dadurch auch anderen Völkern, den Nationen, zugewandt. Das Evangelium ist zu den nichtjüdischen Völkern gelangt, und die Gemeinde Jesu Christi entsteht aus allen Völkern. Dieser Prozeß kommt bald – am Ende sehr schnell – zum Abschluß. Aber eben das ist der Auftrag der Jünger Jesu Christi, in dieser Zeit das Evangelium allen Völkern zu bringen (Apg. 1,8), so daß aus ihnen die Gemeinde sich bildet als die zu Israel hinzukommende Heilskörperschaft, der Leib Christi. Diese zeitweilige »Beiseitesetzung Israels als Nation« (Röm. 11,25) bedeutet »vom Standpunkt der nationalen Heilsgeschichte Israels aus gesehen« eine »Einschaltung« der Gemeinde Jesu Christi in das gegenwärtige End-Zeitalter.[110] Die Rückführung der Juden in ihr Land läßt das Ende der Zeit in unseren Tagen erkennen. Darin liegt eine endzeitliche Beschleunigung.

Gott bleibt der Erwählung Israels, dem Anfang der Heilsgeschichte, seiner Liebe treu (Hos. 11). Seine Liebe ist ohne jede Vorbedingung, ohne jede Vorgabe – weder bei seinem Volk Israel noch bei seiner Gemeinde. Sie ist Liebe aus freiem Antrieb. Der Herr ringt jahrhundertelang mit seinem Volk. Dabei, das verkündigt der Prophet Hosea, ringt er mit sich selbst: »Wie sollte ich dich preisgeben, Ephraim, wie sollte ich dich ausliefern, Israel? Wie könnte ich dich preisgeben wie Adma, dich Zebojim[111] gleichmachen? Mein Herz kehrt sich in mir um (oder wendet sich gegen mich!); ganz und gar erregt ist mein Mitleid. Nicht ausführen will ich die Glut meines Zornes, will nicht noch einmal Ephraim vernichten. Denn Gott bin ich und nicht ein Mensch, in deiner Mitte der Heilige: Ich will nicht in Zornglut kommen« (Hos. 11,8.9). Die Evangelistin Corrie ten

Boom aus Holland, die Juden aus Deutschland während der Nazi-Zeit zur Flucht verholfen hatte und dadurch selbst ins Konzentrationslager geworfen worden war, spricht von diesem Herzensbekenntnis Gottes zu seinem Volk als vom »Glutofen der Liebe Gottes«, vom Kreuz von Golgatha: Ich bin in meinem Inneren erregt, »alle meine Barmherzigkeit ist entbrannt« (nach der Luther-Übersetzung). Im 8. vorchristlichen Jahrhundert, als Israel sich in einer Identitätskrise befand, ist dies die zentrale Aussage hin auf die große Erlösung durch den Sohn Gottes, durch Jesus Christus. Denselben Propheten läßt Gott, der Herr, sein Verhältnis zu Israel in einem Dreisatz aussagen; so spricht der dreieinige Gott, und das ist *die* Heilsbotschaft (Hos. 2,21): »Ich will dich mir verloben[112] in *Ewigkeit.* Und ich will dich mir verloben in *Gerechtigkeit und Recht* und in *Gnade und in Erbarmen.* Ja, in Treue will ich dich mir verloben. Und du wirst den HERRN erkennen.« Im Propheten Sacharja spricht der Herr der Heerscharen von den Verheißungen des Heils für Israel: »Siehe, ich werde mein Volk retten aus dem Land des Aufgangs und aus dem Land des Untergangs der Sonne. Und ich werde sie zurückbringen, und sie werden mitten in Jerusalem wohnen. Und sie werden mein Volk und ich werde ihr Gott sein – in Treue und Gerechtigkeit« (Sach. 8,7.8).[113] Die Propheten zeigen uns Gott, der in seinem liebenden Bemühen nicht nachläßt. Souveräne Liebe geht von ihm aus. Gottes Liebe, Gottes Güte gibt Antrieb und Kraft zur Umkehr (Röm. 2,4).

Israel ist der stärkste Beweis der Treue Gottes und Zeugnis für unsere eigene Hoffnung. Professor Dr. Berthold Klappert von der Kirchlichen Hochschule in Wuppertal, hebt in »Die Wurzel trägt dich« drei Ereignisse der Geschichte des jüdischen Volkes als »Zeichen der Treue Gottes« hervor: (a) die fortdauernde Existenz des jüdischen Volkes durch die Jahrtausende, wozu es keine historische Analogie gibt; (b) die Heimkehr des jüdischen Volkes in das Land der Verheißung, der Gabe Gottes an Israel; (c) die Errichtung des Staates Israel im Jahre 1948. Diese Staatlichkeit Israels erfolgte nicht ohne die verhängnisvolle Schuld des deutschen Volkes und auch der Christenheit in Deutschland. Sie ist somit noch nicht die Erfüllung der Verheißung, aber eben doch Zeichen der Treue Gottes gegenüber seinem Volk. Diese Formulierung »Zeichen der Treue Gottes« komme auch dem jüdischen Gesprächspartner im Dialog von Christen und Juden entgegen. Denn für die Juden sei »die Galut« – die Wegführung ins Exil – kein endgültiger Zustand und bedeute auch nicht den Untergang des Volkes, sondern Läuterung. Nachdem das Volk seine Strafe für die Sünden empfangen habe, rufe Gottes ewige Treue sein Volk zurück in sein Land. So rufe der Prophet Jesaja (40,2) aus: »Redet freundlich mit Jerusalem und predigt ihr, daß ihre Galutzeit ein Ende hat.«[114]

»Ich werde dich (Israel) reichlich segnen und deine Nachkommen überaus zahlreich machen wie die Sterne des Himmels . . .« (1. Mose 22,17) *(aus: Die Botschaft 11/90)*

XII. Israels Erlösung durch die Wiederkunft Jesu Christi

Tochter Zion, freue dich! Jauchze, Jerusalem!
Siehe, dein König kommt zu dir;
ja er kommt, der Friedefürst.
Hosianna, Davids Sohn, sei gesegnet deinem Volk!
Gründe nun dein Reich! Hosianna in der Höh!
Hosianna, Davids Sohn, sei gesegnet deinem Volk!
Hosianna, Davids Sohn, sei gegrüßt, König mild!
Ewig steht dein Friedensthron, du, des ewigen Vaters Kind.
Hosianna, Davids Sohn, sei gegrüßt, König mild!

Friedrich Heinrich Ranke 1820

a) Zurück nach Jerusalem

»Siehe, ich werde mein Volk retten aus dem Land des Aufgangs und aus dem Land des Untergangs der Sonne. Ich werde sie zurückbringen, und sie werden mitten in Jerusalem wohnen.« (Sach. 8,7.8)

Durchgängig weisen die Propheten des Alten Bundes hin auf die Rückführung und Sammlung des zerstreuten Bundesvolkes in dem Land, das ihm Gott gegeben hatte. Sie schauen voraus Israels Bedrängnisse und schlußendlich seine Errettung. »Dieses Land mit seinem Mittelpunkt, der auf dem Zionshügel gelegenen Stadt *Jerusalem,* stand immer im Zentrum der Sehnsucht und der Gebete des jüdischen Volkes. Das Gebot einer Niederlassung in diesem Lande gehört zu den 613 verbindlichen, das jüdische Leben regelnden Anordnungen. Diese Orientierung nach Zion erschallte in dem Gelöbnis und Schwur enthaltenen Ruf an den hohen jüdischen Feiertagen: ›Das nächste Jahr in Jerusalem!‹«[115] Im Zionspsalm, Psalm 137, sitzen die Juden an den Strömen Babels: »Da saßen wir und weinten, wenn wir an Zion dachten . . . Wie sollten wir des HERRN Lied singen auf fremder Erde? Wenn ich dich vergesse, Jerusalem, so werde vergessen meine Rechte!«

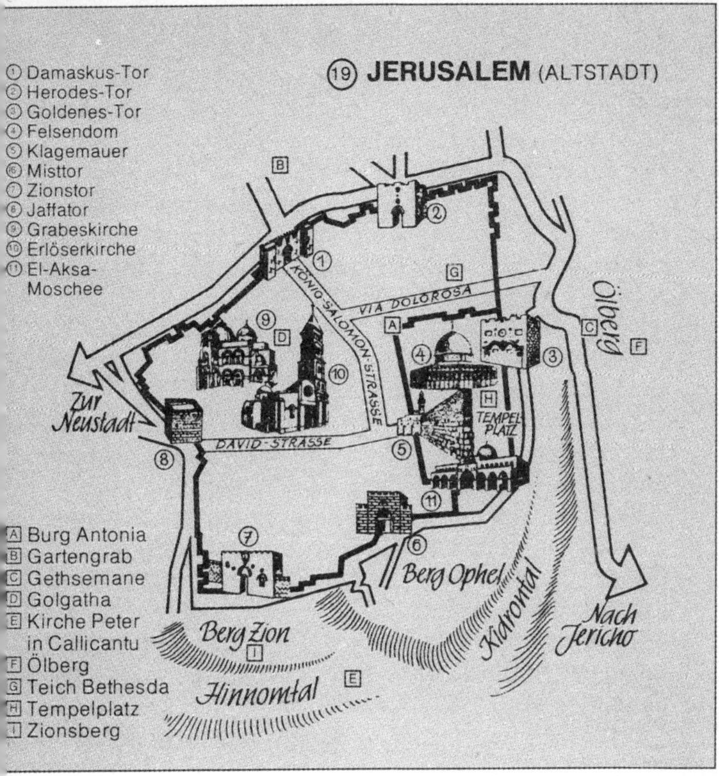

Ölberg:
Jesu Rede über die Endzeit: Matthäus 24,1-26,5. Berg der Himmelfahrt Jesu: Apostelgeschichte 1. Berg der Wiederkunft Jesu: Sacharja 14,4.5. / Apostelgeschichte 1,11.12 / Offenbarung 19,11-21.
Teich Bethesda:
Heilung eines langjährigen Kranken: Johannes 5,1-16.
Tempelplatz (Berg Moria):
Hier sollte Abraham Isaak opfern: 1. Mose 22. Hier standen der Salomonische und Herodianische Tempel: 2. Chronik 3. Der 12jährige Jesus im Tempel: Lukas 2, 41-52. Reinigung des Tempels: Johannes 2,13-25. Heilung des Lahmen: Apostelgeschichte 3. Neubau des Tempels: Sacharja 6,12.13 / 1,16 / Hesekiel 40-47.

I *Zionsberg:*
Abendmahl Jesu mit den Jüngern und Verrat des Judas Ischarioth: Matthäus 26, 17-30.

(aus: Fritz May, Israel heute, S. 61)

Die Fortdauer des Staates Israel mit seiner über 3000 Jahre alten Hauptstadt Jerusalem bildet die brennende Frage des Überrestes der Juden in der auf Auschwitz folgenden Zeit. »Die Erwählung und die Verbindung des jüdischen Volkes mit dem Land sind zweifellos die bedeutsamsten Elemente des jüdischen Glaubens.« Rolf Rendtorff betont: »Wer also das Judentum in seinem eigenen Selbstverständnis ernstnehmen will, muß auch akzeptieren, daß sich dieses Volk wieder den eigenen Ausdruck seines nationalen Selbstverständnisses in diesem Staat geschaffen hat und daß dieser Staat nur in diesem Land sein konnte, das seit eh und je die Heimat und im Grunde genommen die einzige Heimat des jüdischen Volkes gewesen ist.«[116]

Dazu bemerkt Roy Eckardt: »Die Existenz eines wiederhergestellten Israel ist der positive Beweis dafür, daß das jüdische Volk nicht vernichtet, assimiliert oder auf eine andere Weise verkümmert ist. Diese Existenz ist auch eine grundlegende Widerlegung des traditionellen christlichen Mythus über sein Ende im geschichtlichen Prozeß. Gerade darum ist der Staat Israel eine Herausforderung, eine Krisis für so manche zeitgenössische Theologie.«[117] Aber nicht nur in der Theologie, auch in der Politik ist der Staat Israel umstritten bis hin zu militanter Ablehnung.

Die Propheten im Alten Bund waren in die geschichtliche Situation, in die politische Lage ihrer Zeit hineingeschickt, und zwar gerade in Zeiten der Krise. Die prophetischen Bücher entstanden in Zeiten der nationalen Existenzbedrohung, des Exils und der Rückkehr in die Heimat, nach Jerusalem. Den Propheten ist bewußt, daß letztendlich Gott, der Gott Abrahams, Isaaks und Jakobs, der Herr der Geschichte ist. So sehen sie auch die mächtigsten Reiche ihrer Zeit als Werkzeuge in Gottes Hand, so daß sie seinem Willen folgen müssen (Jes. 10,5–15; Hes. 38 u. 39).

Die Verheißungen des *ersten* Kommens Christi, des Messias, sind buchstäblich erfüllt. Wer berechtigt uns da, die oft im selben Satz (!) stehenden Verheißungen seines *zweiten* Kommens lediglich zu »vergeistigen« (z.B. Luk.

1,31–33)? Gott macht Geschichte und kommt zum Ziel, in Erfüllung aller seiner Verheißungen. Zur einst geschehenen Rückkehr aus Babel verhält sich die letzte Rückkehr Israels (536 v.Chr.), so Erich Sauer, »wie das Vorbild zur Erfüllung, wie die Einleitung zum Hauptteil (vgl. Jer. 23,7.8). In der Tat, bei diesem ›zweiten‹ entscheidenden Ereignis (Jes. 11,11.12) ist alles gewaltiger: Der *Umfang* ist größer. Denn die Rückkehr aus Babel war nur die Rückkehr aus *einem* Volk; die Rückkehr aus ›Rom‹ aber wird Rückkehr aus *allen* Völkern sein.[118] ... Die *Dauer* ist sicherer. Die Rückkehr aus Babel endete mit der Zerstörung Jerusalems und der Vertreibung der Juden aus Palästina durch die Römer (i.J. 70 u. 135 n.Chr.). Die Rückkehr aus ›Rom‹ aber wird endgültig und für ewig geschehen.

Jerusalem und der geistlich erneuerte Überrest wird ›in Sicherheit wohnen‹[119] und ›nie mehr herausgerissen werden aus ihrem Lande‹ (Amos 9,15). Die im Verlauf der Geschichte über 20mal zerstörte Stadt Jerusalem wird von nun an, solange die Erde noch steht, nie mehr zerstört werden.[120] Der *Inhalt* ist geistlicher. Die Rückkehr aus Babel war mit einer *Erweckung* verbunden; von da an ist Israel nie wieder dem Götzendienst verfallen. Die Rückkehr aus ›Rom‹ aber wird mit dem vollen *messianischen Heil* verbunden sein (Jes. 49,8–13); von da an wird der Götzendienst nicht nur in Israel (Hos. 2,18), sondern auf der ganzen Erde verschwinden (Jes. 2,3). Und während jene erste Erweckung in Orthodoxie und Kopfglauben versank, wird diese letzte in geistlicher Lebensfrische ewig bestehen.«[121]

Die Erwählung Abrahams und damit Israels hat letztlich dieses Ziel – »Segen für alle Geschlechter der Erde« (1. Mose 12,3), Befreiung der Menschheit vom Götzendienst, aus der Gemeinschaft mit dem lebendigen und wahren Gott, ihm zu dienen (vgl. 1. Thess. 1,9.10). Erwählung ist immer Dienstverpflichtung. Und Leiden der Erwählten auf dem Weg zum Ziel ist Zeichen und Konsequenz der Erwählung.

b) *In letzter Bedrängnis*

Die Juden sind wieder in Eretz Israel, in seiner Hauptstadt Jerusalem. »Stadt des Friedens« ist ihr Name. Und es ist doch noch nicht Frieden. Diese Stadt ist immer schon Zielpunkt feindlicher Mächte gewesen und immer wieder zerstört – aber auch immer wieder aufgebaut worden. Jerusalem stellt heute die empfindlichste Stelle im Nahost-Konflikt dar. Historisch gesehen besteht das heutige Jerusalem in mehreren Schichten. »West-Jerusalem« ist der neue Stadtteil; er gehörte auch vor dem Sechstage-Krieg 1967 zu dem neu gegründeten Staat Israel. Die von Arabern bewohnten Stadtteile standen vorher unter jordanischer Verwaltung. Nach dem Sechstage-Krieg ist Jerusalem wieder vereinigt und wieder zur »ewigen und unteilbaren Hauptstadt Israels« erklärt worden (30. 7. 1980). Inzwischen sind weitere Gebiete im Südosten und Nordosten, die in die Stadt eingemeindet worden sind und früher auch unter jordanischer Verwaltung waren, von Juden besiedelt worden. Der Bau weiterer jüdischer Wohnviertel hält an. Die aus den Völkern heimkehrenden großenteils sowjetischen Juden brauchen Wohnraum.

Andere Staaten, nicht nur die arabischen, teilen diese israelische Sichtweise von Jerusalem als ungeteilte Hauptstadt und Israels Siedlungspolitik nicht, auch nicht die USA. Ost-Jerusalem gehört zu den Belastungsfaktoren im Verhältnis zu anderen Staaten. Die jüdische Besiedlung dieses Gebietes hat international für Aufregung gesorgt. Zugespitzt worden ist die kritische Lage durch die blutigen Vorgänge auf dem Tempelberg während des Laubhüttenfestes 1990, als fanatische Araber die an der Klagemauer betenden Juden mit Steinen bewarfen, und die israelische Polizei zwanzig Palästinenser erschoß. Eine Eliteeinheit für die »Heiligtümer auf dem Berg« soll nun für Ruhe sorgen. Fesselballons der israelischen Armee wachen mit Kameras über den Unruheherden. Der Oktober 1990 war der bis dahin blutigste Monat in der Geschichte der Intifada. Nicht wenige Palästinenser wurden von eigenen »Hinrichtungskommandos« ermordet, weil sie angeblich mit den israelischen Besatzern kollaboriert hatten.[122]

Jerusalem – ihr Bürgermeister Teddy Kollek wendet sich an Juden und Christen: »Jerusalem braucht Gebet!«

Die Region des Nahen und Mittleren Ostens ist zum gefährlichsten Krisenherd der Welt geworden. Gibt es eine Lösung? Können Juden und Araber nicht friedlich beieinander wohnen – in Jerusalem, in Israel? Kann Israel nicht in Frieden mit den arabischen Nachbarstaaten leben? Das Friedensabkommen mit Ägypten vor 12 Jahren in Camp David (26. 3. 1979), das die Präsidenten Israels und Ägyptens zusammen mit dem amerikanischen Präsidenten Jimmy Carter mit Gebet beschlossen hatten – war es ein vergeblicher Anfang? In einem jüdischen Kommentar zur Suche nach einem für beide Seiten tragbaren Kompromiß bei gleichzeitiger Wahrung der Sicherheit des Staates Israel und seiner Bürger, heißt es: »Der Weg dorthin ist in jedem Fall lang und schwierig und, offen gestanden, nicht klar zu erkennen. Einseitige Radikallösungen sind aber keine Antwort auf das Problem der Friedenssuche. Das zeigt sich auch jetzt.«[123]

Saddam Hussein drohte schon in der von ihm ausgelösten Golf-Krise mit einem »totalen Weltkrieg«. Die Lösung des Nahost-Konfliktes wird von weltpolitischer Bedeutung sein.

Nach *biblischer* Prophetie sucht am Ende die anti-israelische Welt um Israel herum die Endlösung der Israel-Frage schlechthin – nicht friedlich-politisch durch die Anerkennung des Staates als endgültige Heimstätte der Juden, sondern militärisch. Die Staaten im islamischen Raum sind und werden, wie Saudi-Arabien, so aufgerüstet von den westlichen Industrienationen, daß sie Israel haushoch überlegen sein werden. Und dabei ziehen sie »alle Völker« in den Konflikt mit hinein, bis nach Jerusalem zum Vernichtungsschlag. Der Prophet sieht dabei letztlich Gott, den Herrn der Geschichte, am Werk: »Siehe, ich mache Jerusalem zu einer Taumelschale für alle Völker ringsum ... Und es wird geschehen an jenem Tage, da werde ich Jerusalem zu einem Laststein machen für alle Völker: alle, die ihn aufladen wollen, werden sich gewißlich daran verwunden. Und alle Nationen der Erde werden sich wider dasselbe versammeln« (Sach. 12,2–3). Das wird der End-Krieg – im alten Raum, auf dem Korridor der Erdteile mit dem Zentrum Jerusalem.

Israel muß durch diese Bedrängnis noch hindurch. Der Herr Jesus warnt in seiner Endzeitrede seine Jünger – die Gemeinde, Israel – angesichts der Bedrängnisse der Endzeit vor nichts so sehr wie vor der Verführung (Matth. 24,4.11.24). Am Ende tritt der Anti-Christus, der Anti-Messias auf und setzt sich an die Spitze der feindlichen Mächte. In Hamburg mahnte und ermunterte auf Rosh Haschana, dem jüdischen Neujahrsfest, ein Rabbiner mit der Aussage: »Gott fordert immer wieder das Martyrium, aber das Volk wird gerettet. Und das ist die Botschaft unserer Tage: Kein Paktieren mit dem Zerstörer, selbst nicht unter dessen Beschwörung des Friedens.«[124] Der Gefahr des falschen Paktierens ist Israel früher nicht nur einmal erlegen gewesen. Derselbe Prophet, der die letzte Bedrängung Jerusalems voraussagt, spricht das mahnende und zugleich ermunternde Wort des Herrn der Heerscharen: »Nicht durch Macht und nicht durch Kraft, sondern durch meinen Geist ...« (Sach. 4,6; vgl. Jes. 30,15).

Am Ende wird sich der Anti-Messias als »Greuel der Verwüstung am heiligen Ort«, in *Jerusalem* in den Tempel, setzen und sich zeigen, als sei er Gott (Matth. 24,15; 2. Thess. 2,4). Er ist bereits in Daniel 9,27, ebenso in 11,31–39 und 12,11, vorausgesagt. Die Weissagungen Daniels umfassen einen Zeitraum, der vom babylonischen König Nebukadnezar (605–562 v.Chr.) bis zur neuen Schöpfung reicht. Sie bieten einen Abriß der gesamten Heilsgeschichte. Eine ganze Anzahl späterer jüdischer Schriften und auch der Talmud beziehen sich auf Daniel. Sogar der Koran, das »Heilige Buch« des Islam, erwähnt ihn. Die »Offenbarung« des Neuen Testamentes, das letzte Buch der Bibel mit der Prophetie der Endzeit bis hin zu dem neuen Himmel und der neuen Erde, bezieht sich viele Male auf das Daniel-Buch. Und unser Herr Jesus selber hat es benutzt und seinen Jüngern aufmerksames Lesen nahegelegt, um die Endzeitereignisse zu verstehen (Matth. 24,15; Mark. 13,14).[125] Er gerade erwähnt den »Greuel der Verwüstung am heiligen Ort« und warnt davor. »Große Drangsal« wird damit verbunden sein. Um der Auserwählten willen wird die Zeit nur kurz sein (Matth. 24,15–28). Dieser Anti-Messias hatte einige Jahrhunderte nach Daniel bereits einen Vorläufer in dem anti-israelischen Syrerkönig Antiochus IV. Epiphanes (175–164 v.Chr.). Er kam 169 nach Jerusalem, erzwang sich den Zutritt zum Allerheiligsten des Tempels, errichtete dort 167 einen griechischen Altar, nannte sich »offenbarer Gott«. Er ist der Prototyp des Antichristen, der am Ende der Zeit von Babylon am Euphrat kommen wird (Offb. 17).[126] Saddam Hussein träumte vom modernen Babylonischen Reich und von sich selbst als dem »modernen Nebukadnezar«. Wer wird es sein?

Es wird im Daniel-Buch dann auch die Scheidung unter den Juden angekündigt: »Und diejenigen, die sich am Bund schuldig machen, wird er (der Anti-Messias) durch glatte Worte (der Verführung) zum Abfall verleiten; aber das Volk, das seinen Gott kennt, wird sich stark erweisen und entsprechend handeln. Und die Verständigen des Volkes werden die Vielen unterweisen (den Vielen zur Einsicht verhelfen); aber sie werden stürzen durch Schwert und Flamme, durch Gefangenschaft und Beraubung – eine Zeitlang . . .« (Dan. 11,32–35). Gerade der Abfall weckt dieses Volk, »das seinen Gott kennt«. Der Prophet, der das hier schreibt, ist Daniel. Er und seine Freunde haben Martyrium durchleiden müssen und sind wunderbar gerettet worden. Denn nur solange es Gott erlaubt, darf der Böse wüten. Was lernen wir daraus? Nach Gerhard Maier zu dieser Daniel-Passage: »(a) Der Böse, auch der Antichrist, hat nur eine begrenzte Zeitspanne. (b) Gott verliert niemals die Kontrolle über die Geschehnisse. (c) Die Gemeinde Gottes wehrt sich nicht militärisch. Sie überwindet den Gegner durch Martyrium, Leiden und Geduld. ›Hier ist Geduld und Glaube der Heiligen!‹ (Offb. 13,10).«[127]

c) Die große Errettung

Das wird der Abschluß der »Zeiten der Nationen« werden. Wenn sie in Jerusalem einfallen und die Stadt als »Taumelschale« erleben (Luk. 21,24; Sach. 12). Dann wird der Messias kommen und sein Volk erlösen. »Und so wird ganz Israel errettet werden, wie geschrieben steht: Es wird aus *Zion* der Erretter kommen« (Röm. 11,26). Wie der Herr Jesus in den Himmel hingegangen ist, wird er auf dem Ölberg bei *Jerusalem* wiederkommen (Apg. 1,11.12).

Der jüdische Professor David Flusser, Religionswissenschaftler an der Hebräischen Universität in Jerusalem, kann bekennen: »Jesus ist der Repräsentant des Gottes Israels. Von ihm habe ich gelernt, wie ich leben soll.« Er würde sich wünschen, daß Jesus der Messias sein werde.[128] Die Israelis werden ihn bei seiner Wiederkunft nach Jerusalem als den Messias erkennen. Alle – »alle Stämme des Landes«, die von der ganzen Erde wieder im Lande sind, werden Buße tun und gerettet werden (Offb. 1,7). So ist es bereits in den endzeitlichen Kapiteln des Sacharja-Buches prophezeit (Sach. 12,10–14), und so hat es der wiederkommende Herr selber für das Ende angekündigt (Matth. 24,30).

In der letzten über sie kommenden größten, der antimessianischen Bedrängnis im eigenen Land gehen die Israelis ins »Feuer« und werden »geläutert« und rufen den Namen des Herrn an. Hier öffnet sich der tiefe und letzte Sinn der »Drangsal«: die Läuterung des Volkes Gottes und die Ausrichtung auf seinen Gott. In dieser letzten Existenznot rufen sie ihren Messias herbei, den sie so lange verfehlt hatten. Gott gießt den »Geist der Gnade und des Flehens«

über sein Volk aus (Sach. 12,10). Jetzt endlich und wirklich erkennt Israel als Ganzes seinen König, den sie gekreuzigt hatten, und es wird »die große nationale Wehklage über die Verfehlung seines wahren Messias anstimmen« (Matth. 24,30).[129] Es wird die Sündenvergebung (Sach. 13,1 u.a.) und den Geist empfangen. Es geschieht das große Wunder, von dem bereits der Prophet Hesekiel in den Kapiteln 36 und 37 spricht: Israels Wiedergeburt. Gott gibt seinen Heiligen Geist selber in sein Volk hinein (Hes. 39,29; Jes. 44,3; Joel 3,1.2). Jetzt erfüllt volle Freude alle Herzen (Jes. 65,19; 12,1–6). Das ist nun alles Gottes Werk und nicht nationale Volkskraft. Israels Umwandlung geschieht um des Herrn willen. Für den Herrn wird Zion gebaut (Jer. 31,38 Menge); Sein Segen wird in allem geschaut; Seine Ruhmestaten werden in Jerusalem verkündet (Jes. 60,6).

Eretz Israel ist nun ein geläutertes Land, und Götzendienst wird es in ihm nicht mehr geben (Sach. 13,1–6).

d) Segen für die Menschheit

Gott, der Herr, hatte Israel als sein eigenes Volk erwählt. Die Erwählung ist Gottes Tat. Sie ist nicht menschliche Selbsterhöhung. »Das Leiden des Erwählten ist Zeichen und Konsequenz der Erwählung . . . Erwählung ist immer Dienstverpflichtung.«[130] In »Gedanken zum Schicksal der Juden« am Schluß seines Buches »Dies ist mein Volk« urteilt Abba Eban, israelischer Außenminister von 1966–1974, über das heutige Judentum: »Im 20. Jahrhundert sieht sich das Judentum denselben Spannungen gegenüber wie zu Beginn seiner Geschichte: Zwischen Allgemeinem und Besonderem, zwischen Irdischem und Geistigem, zwischen Quantität und Qualität. Der Einfluß des Judentums auf Leben und Denken der Menschheit hängt nicht von der Zahl seiner Anhänger oder von deren weltlicher Macht in irgendeinem Bereich ab. Vielmehr ist es berufen, ein reges Geistesleben zu entfalten und zu bewahren.«[131]

Gottes Ziel ist nicht nur Israel. Gottes Ziel ist die gesamte Völkerwelt, ist die Menschheit (1. Tim. 2,4; Jes. 40,5). »Es ist zu gering, daß du mein Knecht seiest, nur um die Stämme Jakobs aufzurichten und die Bewohner Israels zurückzubringen: Ich habe dich auch zum Licht der Nationen gesetzt, um mein Heil zu sein bis an das Ende der Erde!« (Jes. 49,6; 42,6.7; Luk. 2,30–32). Nach seiner ursprünglichen Verheißung macht Gott sein erlöstes und wiedergeborenes Volk Israel zum Segen für alle Völker (1. Mose 12,1–3). Und das beginnt – wir staunen – im Nahen Osten, im gefährlichsten Krisenherd der Welt, inmitten der arabischen Völker (Jes. 19,16–25). So kommt der Nahost-Konflikt, kommt die Israel-Frage zur Lösung: Die Grenzen öffnen sich, der kalte und heiße Krieg haben aufgehört, es gibt einen gebahnten Weg von Ägypten durch Israel zum Irak (»Assur«). Sie schließen einen Friedensbund. Und das wird »ein Segen inmitten der Erde« (Jes. 19,23–25).

Durch seine siegreiche öffentliche Erscheinung vernichtet der Messias Jesus Christus den Anti-Messias, den Antichristen und sein gottfeindliches System (Offb. 19; 2. Thess. 2,8). Er bindet den Satan und seine dämonischen Mächte, »damit er die Nationen nicht mehr verführen kann« (Offb. 20,1–3). Jetzt, das ist der neue Anfang am Ende der Zeit, richtet unser Herr und Heiland Jesus Christus *sein Reich* auf unter den Völkern – in Gerechtigkeit, Frieden und Freude (vgl. Röm. 14,17). Danach hat sich die ganze Menschheit, die ganze Schöpfung längst gesehnt (Röm. 8,19). Der Christus wirkt zusammen mit seinem Christusleib, das ist die Gemeinde aus allen Völkern – und mit dem messianischen Volk Israel, das dann für alle Völker Segensträger wird.

»Daß aber die Völker gerade jetzt sich als Völker bekehren und nicht nur als einzelne wie früher, hat seinen Grund besonders darin, daß die Nationen die Großtaten Gottes mit Augen gesehen haben: die Verklärung der Gemeinde, Christi Kommen in Herrlichkeit, die Entscheidungsschlacht von Harmagedon[132], das Völkergericht im Tal Josaphat, Gottes Heilungs- und Wundertaten an Israel. ›Wenn der HERR die Gefangenen Zions erlösen wird, so werden wir sein wie die Träumenden ... Da wird man sagen unter den Heiden (den Völkern): der HERR hat Großes an ihnen getan‹ (Ps. 126,1.2) ... ›Dann werden die Heiden (die Völker) fürchten den Namen des HERRN und alle Könige der Erde deine Herrlichkeit‹ (Ps. 102,14.16) ... Aus der Bekehrung folgt die Heiligung ... ›damit sie den Namen des HERRN anrufen und ihm einmütig dienen‹ (Zeph. 3,9; Jer. 3,17; Micha 4,2). ›Kein Krieg wird mehr sein‹ (Jes. 2,4), kein Streben nach Gewalttat, kein Wille zur Unterdrückung und Ausbeutung der anderen, sondern in friedlichem Austausch und harmonischem Nebeneinander werden sie sich gegenseitig frei ehren und einander befruchten und dem gemeinsamen Allherrn (Jes. 40,26) und Gottkönig dienen (Jes. 19,23; Sach. 14,9). Gesundheit des Körpers (Jes. 35,5.6; 65,20), erfolgreiche Arbeit (Jes. 65,21–23), soziale Gerechtigkeit (Jes. 11,3.4), volksgemeinschaftliche Hilfeleistung (Jes. 58,7), Vermeidung riesiger Großstädte (Sach. 3,10), gerecht geordnete Grenzen (Apg. 17,26), von Gott gegebene Gleichberechtigung (Jes. 19,25; Matth. 8,11; Sach. 2,15), gemeinsame Abrüstung (Micha 4,3.4) – das sind Volkssegnungen des Alltags, die sie alle genießen.«[133]

Die Menschen aller Völker erkennen den Herrn, und das treibt sie zur Anbetung (Mal. 1,11; Jes. 66,23 u.a.). Ihr Mittelpunkt ist der Immanuel, der »Gott mit uns«.

Und die Gemeinde? Seit ihrer Entrückung ist sie »allezeit beim Herrn« (1. Thess. 4,17). Das Haupt, Jesus Christus, ist mit den Gliedern, mit seinem Leib, vereint. Sie nehmen teil an der Herrschaft und Herrlichkeit des Hauptes (2. Thess. 2,14; Kol. 3,4; 1. Kor. 1,9). Sie werden mit Christus regieren (2. Tim. 2,12; Offb. 20,4.6; 1. Kor. 6,2.3). »Wer überwindet, dem werde ich geben, mit mir auf meinem Thron zu sitzen« (Offb. 3,21; Matth. 19,28).

»Mit der Menschheit wird auch ihr Wohnsitz gesegnet. An der Herrlichkeit ihres Herrn nimmt die ganze Erde teil.

Mit der Offenbarung der Söhne Gottes wird auch die Schöpfung von der ›Knechtschaft des Verderbnisses‹ befreit (Röm. 8,19–22).« Das wirkt sich sowohl auf die Pflanzenwelt als auch auf die Tierwelt aus. Selbst die Sternenwelt wird irgendwie mit in die Erlösung hineingezogen werden. »So ist es eine Erlösung in weltweitem Umfang, die ›Wiedergeburt‹ der Schöpfung (Matth. 19,28), die ›Zeit der Erquickung vom Angesicht des Herrn‹ (Apg. 3,19), die ›Wiederherstellung aller Dinge, von welchen Gott durch den Mund seiner heiligen Propheten von jeher geredet hat‹ (3,21).«[134] »Der Himmel freue sich und die Erde sei fröhlich ... denn er kommt, denn er kommt, zu richten das Erdreich; er wird den Erdboden richten mit Gerechtigkeit und die Völker mit seiner Wahrheit« (Ps. 96,11–13).

Die Verheißungen der Schrift Alten und Neuen Testamentes gehen in Erfüllung. Gott ist der Schöpfer und der Herr der Geschichte. Seine Geschichte ist eine Heils-Geschichte mit der ganzen Menschheit. *Er kommt zum Ziel* mit der Gemeinde, mit Israel und mit der Völkerwelt – am Ende sehr rasch mit endzeitlicher Beschleunigung, mit eschatologischer Akzeleration. Das Ziel ist nicht eine Allversöhnung, sondern die *End*versöhnung, ein Geheimnis, das der Herr allein zur Auswirkung bringt.

Sie kommt mit der Wiederkunft des Messias, unseres Herrn Jesus Christus. Er kommt »bald«, und sein Kommen will uns »nahe« kommen (Offb. 1,1.3; 22,20!), so daß wir ihn »beschleunigt« erwarten, ihm dienen und ihn in der Welt bezeugen.

Dieser Tag ist nicht ein Tag der Berechnung, sondern dienender Bereitschaft (Aurelius Augustinus, 354–430).

Paulus bricht darüber am Schluß seiner Kapitel vom »Geheimnis Israel« in einen kraftvollen Lobpreis aus (Röm. 11,33.34):

> »O Tiefe des Reichtums, sowohl der Weisheit als auch der Erkenntnis Gottes! ... Denn von ihm und durch ihn und für ihn sind alle Dinge! Ihm sei die Herrlichkeit in Ewigkeit! Amen.«

1 Kölner Stadt-Anzeiger (KStA) 27./28. 6. 90
2 KStA 14./15. 4. 90; 5.–9. 5. 90
3 Allgemeine Jüdische Wochenzeitung (AJW), Bonn, 11. 10. 90
4 AJW 4. und 11. 10. 90
5 KStA 9. 6. 90
6 Rudolf Pfisterer, Juden/Christen – getrennt/versöhnt, Neukirchen-Vluyn, 4. Aufl. 1985, S. 96
7 KStA 18. und 21./22. 7. 90
Rudolf Pfisterer, Verantwortung (Jüdisch-Christlicher Dialog), Neuhausen-Stuttgart 1985, S. 108
8 Pfisterer, a.a.O., S. 109, 178
9 Pfisterer, a.a.O., S. 184, 203, 208
10 idea-spektrum, Wetzlar, Nr. 19 und 20/90; Christen für Israel, Wetzlar, Juni–August 90
11 AJW 19. 9. 90
12 Pfisterer, a.a.O., S. 187, 209
13 Erich Sauer, Gott, Menschheit und Ewigkeit, Wuppertal, 2. Aufl. 1955, S. 123f
14 Jürgen van Oorschot, Hoffnung für Israel (Eine Studie zu Röm. 11,25–32), Gießen/Basel 1988, S. 18ff Anm. 55 und 21, S. 31, 33, 34
15 Werner de Boor, Der Brief des Paulus an die Römer, Wuppertaler Studienbibel, 1962, S. 269
16 Pfisterer, a.a.O., S. 226–228
17 Vgl. Erich Sauer, a.a.O., S. 36; Helge Stadelmann (Hrsg.), Epochen der Heilsgeschichte, Wuppertal 1984, S. 18f
18 Pfisterer, a.a.O., S. 210f
19 Oorschot, a.a.O., S. 13ff
20 Leonard J. Davis, Israel – Behauptungen und Tatsachen (Israels Überlebenskampf), Neuhausen-Stuttgart, 2. Aufl. 1989, S. 178
21 Rudolf Pfisterer, Von A bis Z, Quellen zu Fragen um Juden und Christen, Neukirchen-Vluyn, 2. Aufl. 1985, S. 23
22 Vgl. die historische Aufteilung in: Fritz May, Israel zwischen Blut und Tränen (Der Leidensweg des jüdischen Volkes), Asslar, 2. Aufl. 1988, S. 22f
23 Erich Sauer, Der Triumph des Gekreuzigten. Ein Gang durch die neutestamentliche Offenbarungsgeschichte, Wuppertal und Zürich, 13. Aufl. 1989 (= Wiedenester Reihe), S. 158f
24 Pfisterer, Juden/Christen, S. 13
25 Annemarie Österle, Judenfeindschaft in der Christlichen Kirche, in: Die Tenne, Wuppertal, 7/64, S. 5ff, und Israels Leidensweg durch zwei Jahrtausende, S. 9ff; Pfisterer, Juden/Christen, S. 10ff; Pfisterer, Verantwortung, S. 14ff

[26] May, a.a.O., S. 62
[27] Österle, a.a.O., S. 6ff
[28] KStA 13./14. 10. 90; AJW 14. 11. 90
[28a] H.A. Strauss, W. Bergmann, Chr. Hoffmann (Hrsg.), Der Antisemitismus der Gegenwart, Frankfurt/M. 1990, S. 223
[29] KStA 16./17. 6. 90
[30] ebd. 31. 8. 90
[31] Gerhard Jordy, Die Brüderbewegung in Deutschland, Band 3, Wuppertal 1986, S. 69–74, 263–267
[32] Bernhard Peters, Arier und Jude, Beitrag zur Judenfrage und ihrer Lösung, Worms 1934, S. 96, 53ff, 57ff, 11
[33] Pfisterer, Juden/Christen, S. 49
[34] F. Lovsky, Antisèmitisme et mystère d'Israel, Paris 1955, S. 65 in: Pfisterer, Verantwortung, S. 208 Anm. 44
[35] Pfisterer, Juden/Christen, S. 94f
[36] Eugen Kogon (Hrsg.), Gott nach Auschwitz, Freiburg/Br. 1979, u.a. in: Pfisterer, Verantwortung, S. 219ff
[37] Heinz Verfürth, Jüdischer Weltkongreß 1990, in: KStA 9. 5. 90
[38] May, a.a.O., S. 260
[39] May, a.a.O., S. 261
[40] Pfisterer, Verantwortung, S. 49f, 60
[41] Davis, a.a.O., S. 177–179
[42] Daniel Herm, Öl und Religion im Nahen Osten, in: Die Botschaft, Wuppertal, Okt. 90, S. 2
[43] AJW 6. 9. 90, S. 2
[44] Pfisterer, a.a.O., S. 83–99
[45] Peters, a.a.O., S. 67f
[46] Pfisterer, a.a.O., S. 92, 133f, 188f
[47] Springer Auslandsdienst, 10. 11. 75, in: Fritz May, a.a.O., S. 176
[48] AJW 19. 9. 90
[49] Pfisterer, Juden/Christen, S. 85
KStA 14. 9. 90
[50] AJW 11. 10. 90
[51] KStA 11./12. und 27. 8. 90
[52] Der arabisch-israelische Konflikt, Israelisches Info-Zentrum Jerusalem, 1987; Dokumentationsblätter der Botschaft des Staates Israel, Bonn, Mai und November 1989
[53] Das Palästinensische Nationalabkommen, Text kommentiert von Jehoshafat Harkabi, Stuttgart, 2. Aufl. 1974; Davis, a.a.O., S. 293ff; Pfisterer, Verantwortung, S. 92ff; Pfisterer, Juden/Christen, S. 79ff
[54] Der arabische Widerstand gegen die Einwanderung nach Israel, Botschaft des Staates Israel, Bonn, Februar 90
[55] Karmel-Kontakt mit Israel, von Haifa, Jerusalem und Ashdod via Oslo, Juli 90, S. 5
[56] Friedrich Schreiber / Michael Wolfssohn, Nahost, Geschichte und

Struktur des Konfliktes, Opladen, 2. Aufl. 1989, S. 14–16
[57] ebd. S. 66
[58] ebd. S. 69–71, 74
[59] ebd. S. 105, 108–111, 117f
[60] ebd. S. 122–128
[61] ebd. S. 130
[62] Davids, a.a.O., S. 178
[63] Pfisterer, Verantwortung, S. 153–155, 157f
[64] Fritz May, Israel heute – ein lebendiges Wunder, Asslar 1990, S. 25f
[65] Schreiber/Wolfssohn, a.a.O., S. 128
[66] Näheres hierzu in: Palästina-Staat: Anatomie einer Gefahr, Israelisches Info-Zentrum, Jerusalem Okt. 79
[67] Christen für Israel, Wetzlar Juni–August 90, S. 6
[68] Peters, a.a.O., S. 56
[69] Schreiber/Wolfssohn, a.a.O., S. 257ff: »Das Abkommen von Camp David 1978«
[70] ebd. S. 268
[71] ebd. S. 308–314: »Die Spaltung der PLO«
[72] ebd. S. 318f
[73] AJW 25. 10. 90
[73a] KStA 25. 1. 91
[74] KStA 21./22. und 28. 8. 90; Die Welt, Bonn, 25. 10. 90
[75] KStA 19. 10. und 29. 10. 90
[76] ebd. 27./28. 10. 90
[77] Schreiber/Wolfssohn, a.a.O., S. 77 und 114
[78] Süddeutsche Zeitung, München, 24. 10. 90
[79] Schreiber/Wolfssohn, a.a.O., S. 323f
[80] KStA 2. 10. 90
[81] Süddeutsche Zeitung, 22. 10. 90
[82] ebd. 24. 10. 90; Die Welt, 25. 10. 90
[83] AJW 18. 10. 90; Die Welt, 25. 10. 90
[84] KStA 30. 10. 90
[85] Fakten aus: Gerhard Konzelmann, Die islamische Herausforderung, Hamburg 1988
[86] ebd. S. 17f
[87] ebd. S. 21f
[88] ebd. S. 31f.
[88a] ebd. S. 117
[88b] Johann Bouman, Der Koran und die Juden. Die geschichtliche Tragödie, Darmstadt 1990. Bouman breitet hierin die Ergebnisse historischer Erforschung des Verhältnisses Mohammeds zu den Juden und dessen Niederschlag im Koran aus und beleuchtet von daher die Auswirkungen.
[88c] Konzelmann, a.a.O., S. 32, 114f. Siehe auch zu dem Thema: Peter Scholl-Latour, Das Schwert des Islam. Revolution im Namen Allahs,

München 1991; besonders Teil I: Der lange Weg nach Jerusalem. Ferner: Die Botschaft, Monatsschrift, Wuppertal Sept. 1990: »Vom Islam herausgefordert« und »Begegnungen mit Muslimen« u.a.m.

[89] E. Lubahn, Israel und die Gemeinde, in: Stadelmann, a.a.O., S. 81

[90] Siegmund Gattermann, Theologen zur Rolle Israels in der Heilsgeschichte, in: Karmel, a.a.O., Sept. 90, S. 4f

[91] Claude Duvernoy, Le Sionisme de Dieu, Paris 1970, S. 161, in: Pfisterer, Verantwortung, S. 145

[92] AJW 25. 10. 90

[93] Pfisterer, a.a.O., S. 159–161

[94] Martin Buber, Der Jude und sein Judentum, Köln 1963, S. 299, 301, in: ebd. S. 211

[95] May, a.a.O., S. 155

[96] Christen für Israel, a.a.O., Dez. 89/Jan. 90, S. 8; April/Mai 90, S. 4f

[97] Werner de Boor, Der Brief des Paulus an die Thessalonicher, Wuppertaler Studienbibel, Wuppertal 1960, S. 138 Anm. 14

[98] May, a.a.O., S. 144

[99] Fritz May, Warum die Juden (noch) nicht an Jesus Christus glauben, »Im Blickpunkt« Nr. 11, Wetzlar

[100] ebd.

[101] Pfisterer, Verantwortung, a.a.O., S. 60f

[102] ebd. S. 52f

[103] Aus der Rede des Landesrabbiners Nathan Peter Levinson in Karlsruhe »Nach Gurs wieder Geborgenheit gefunden?«, in: AJW 1, Nov. 90

[104] Pfisterer, Juden/Christen, S. 33

[105] Ausdruck aus dem 2. nachchristlichen Jahrhundert

[106] Erich Sauer, Triumph, a.a.O., S. 169f

[107] Pfisterer, Juden/Christen, S. 40f

[108] Siehe auch: 1. Mose 18,18; 22,18; 26,4; 28,14; Sach. 8,13(!); Ps. 105,6; 5. Mose 4,37; 23,6; 33,3 u.a.; vgl. 1. Joh. 4,10!

[109] Siehe auch: Jes. 41,9; 1. Sam. 12,22; Ps. 94,14 u.a.

[110] Sauer, Triumph, a.a.O., S. 72f Anm. 21

[111] Adma und Zebojim waren zwei Städte südlich des Toten Meeres, die möglicherweise mit Sodom und Gomorra vernichtet wurden.

[112] d.i. ein öffentlicher Rechtsakt, der durch Zahlung des Brautpreises das Mädchen rechtlich zur Ehefrau bestimmt (Fußnote in der Revidierten Elberfelder Bibel 1985)

[113] Vgl. dazu Jes. 62,4.5; Jer. 24,7

[114] Gattermann, a.a.O., S. 5

[115] Pfisterer, Verantwortung, S. 191

[116] ebd. S. 201

[117] ebd. S. 203

[118] Siehe: 5. Mose 30,3–5; Jes. 11,11.12; 43,5.6; 60,9; Jer. 23,8; 29,14; 31,8–10; 32,37; Hes. 34,12.13

119 Sach. 14,11; Jer. 24,6; 30,10; 32,37; 33,16; Hos. 2,20
120 Jer. 31,38–40; Jes. 54,15; 32,18; 52,1; Joel 4,17
121 Sauer, a.a.O., S. 187f
122 AJW 1. 11. 90; KStA 3./4. 11. 90
123 AJW 1. 11. 90
124 AJW 25. 10. 90
125 Gerhard Maier, Der Prophet Daniel, Wuppertaler Studienbibel, Wuppertal 1982, S. 20–34, 63–65
126 mehr zu Dan. 9,24ff, in: ebd. S. 338–354
127 Maier, a.a.O., S. 399
128 Aus einem Interview in: May, a.a.O., S. 167
129 Peters, a.a.O., S. 94
130 Rudolf Pfisterer, von A–Z, a.a.O., S. 249 und 134
131 Abba Eban, Dies ist mein Volk. Die Geschichte der Juden, Zürich 1970, S. 422
132 Der Aufmarsch der feindlichen Mächte geschieht am Ende nach Harmagedon, dem »Berg von Meggido« und Ort wichtiger Schlachten in Israels Geschichte (Offb. 16,14–16).
133 Sauer, a.a.O., S. 197f
134 ebd. S. 200–202

1) Zeitgeschichte der Stadt Jerusalem

Vor Christus	Über 600mal im Alten Testament erwähnt
um 3000	Bisher ältester Fund eines vereinzelten Hauses.
um 2000	Gründung der Stadt
um 1800	Erste Ummauerung
um 1000	David nimmt Jerusalem ein (997), erklärt es zur Hauptstadt des Jüdischen Königreiches, erwählt die Stadt als Ort des Heiligtums (Bundeslade). »Zion« meinte zuerst die jebusitische und darauf die davidische Festung auf dem SO-Hügel (2. Sam. 5,7). Der Name wurde später auf die ganze Stadt übertragen, haftete aber vor allem am Tempelberg.
ca. 965–926	Salomonische Epoche: Ausweitung der Stadt, Tempelbau, ca. 5000 Einwohner.
587 oder 586	Zerstörung durch Nebukadnezar; Deportation der jüdischen Führungsschicht nach Babylon (70jähriges Babylonisches Exil).
515	Einweihung des an der alten Stelle (genau nach dem Vorbild des salomonischen Tempels) wiedererrichteten Tempels unter Serubbabel (zweiter Tempel).
167	Der syrische König Antiochus IV. Epiphanes (175–164) betritt das Heiligtum, plündert den Tempel, entweiht ihn durch Zeus- und Dionysus-Kult (2. Makk. 5 u. 6) und läßt die Stadt zerstören.
164	Judas der Makkabäer erobert Jerusalem zurück und vollzieht die Wiedereinweihung des Tempels. Im Gedenken daran wird das Chanukka-Fest (Tempelweihe) gefeiert (1. Makk. 4,36–39).
63	Eroberung Jerusalems durch Pompejus.
37–4	Herodes der Große: gigantische Baumaßnah-

men im Tempelbereich, um den weitergehenden Opferbetrieb herum wurde ein völlig neuer (dritter) Tempel errichtet, Bau von Mauern und Palästen.
Anwachsen der Bevölkerung bis zu 200000, einschließlich der Vororte. Zu den großen Wallfahrtsfesten, besonders zum Passa-Fest, konnte sich die Zahl der Menschen verdrei- bis vervierfachen.

Nach Christus

70 Belagerung der Stadt durch die Römer, um die Bevölkerung auszuhungern (unbeschreiblich grausame Szenen). Zerstörung von Stadt und Tempel durch den späteren Kaiser Titus. Über eine Million sollen umgekommen sein. Eine jüdische Siedlung blieb. Ein Teil der Urgemeinde kehrte zurück (um 73/74).

132–135 Jüdischer Aufstand unter Simon Bar Kochba (»Sternensohn«, vgl. 4. Mose 24,17), zum Messias proklamiert. Niederschlagung durch die Römer. Eine halbe Million sollen getötet worden sein. Gründung der Colonia Aelia Capitolina. Tempel wird heidnisches Heiligtum, über Golgatha Venustempel. Ab 193 gibt es wieder eine jüdische und eine judenchristliche Gemeinde.

312 Kaiser Konstantin (Byzanz) wendet sich dem Christentum zu. In Jerusalem setzt eine rege Kirchenbautätigkeit ein.

Mitte 5. Jahrh. Erweiterung der Stadt und Wiederaufbau der Mauern.

636–638 Durch den Islam religiös und militärisch erstarkt greifen die Araber auf ganz Palästina und Syrien über; Omar nimmt Jerusalem ein (638). Unter den Omajaden entsteht auf dem Tempelplatz der Felsendom (691/92) und die Aksa-Moschee (705–750).
Auf die verehrte Felsplatte, wo die jüdische Überlieferung die Opferung Isaaks und den Altar des Priesterkönigs Melchisedek lokali-

sierte, wird nun auch die »Himmelfahrt« des Propheten Mohammed verlegt. Nach Mekka und Medina gilt Jerusalem mit diesem Heiligtum (Harazu es-sarif) als drittwichtigste Stadt des Islam.

1099 Im Verlauf des ersten Kreuzzuges (1096–1099) erobert das abendländische »Ritterheer« Jerusalem und ermordet einen Großteil der Stadtbewohner.

Die *jüdischen* Bewohner Jerusalems hatten sich an der Verteidigung der Stadt gegen die Kreuzfahrer beteiligt und sind von ihnen mit der übrigen Bevölkerung ausgerottet worden. Spätestens seit dem 13. Jahrh. siedelten wieder jüdische Gelehrte in Jerusalem und unterhielten Schulen und Synagogen. Um 1800 bildeten die Juden ein Viertel, um 1850 etwa die Hälfte der Stadtbevölkerung mit ansteigender Tendenz. Es besteht eine ständige Verbindung der Diaspora-Juden mit Jerusalem, dessen alter Name »Zion« in der von Theodor Herzl begründeten Bewegung des »Zionismus« anklingt.

Um 1880 setzen die Einwanderungswellen (Alijot) ein, vor allem aus Osteuropa, und verstärken den jüdischen Anteil in der von Arabern und Juden gemeinsam bewohnten Stadt.

1917 Nach dem Sieg über die Türken ziehen britische Truppen in Jerusalem ein.

1948 Als Folge des »Unabhängigkeitskriegs« bleibt Jerusalem in einen arabischen, zu Jordanien gehörenden, und einen jüdischen Sektor geteilt.

1967 Im »Sechstage-Krieg« nimmt Israel die Altstadt mit der Westmauer des Tempels (»Klagemauer«) ein. Das jüdische Viertel der Altstadt (»Jewish Quarter«) wird wieder aufgebaut. Großzügige Ausgrabungen beginnen.

1977 Im November spricht Ägyptens Staatspräsident Anwar el-Sadat vor der Knesset.

1980 Der Staat Israel erklärt Jerusalem am 30. Juli zu seiner unteilbaren Hauptstadt.

Von den gegenwärtig rund 430000 Einwohnern sind ca. 300000 Juden, 100000 Moslems und 20000 Christen. (Angaben nach: Das Große Bibellexikon, Wuppertal 1988)

Die Heilsgeschichte von Jerusalem durchläuft sieben Perioden:

1. Das »himmlische« Jerusalem – das Urbild.
2. Das »ur-semitische« Jerusalem: 2300–2100 (Jerusalem ist, wie sein semitischer Name beweist, schon von Semiten gegründet worden, *ehe* die (nach 1. Mose 10,6) hamitischen Kanaaniter das Land einnahmen, also zwischen der Sintflut und der Abrahamszeit.)
3. Das »kanaanitisch-hamitische« Jerusalem: 2100–1000 (Vertreibung der hamitischen Jebusiter aus der Zionsburg durch David: 2. Sam. 5,6–9; 1. Mose 10,16).
4. Das »israelitisch-theokratische« Jerusalem: 1000 v.Chr. bis 70 n.Chr.
5. Das von den Nationen »zertretene« Jerusalem: 70 n.Chr. bis zum Tausendjährigen Reich (Luk. 21,24). Jerusalem wurde in dieser Zeit über 20mal erobert; daher heute stellenweise 27 m Schutt.
6. Das »messianische« Jerusalem: im Tausendjährigen Reich.
7. Das »neue« (ewig-himmlische) Jerusalem auf der neuen Erde. (Nach: Erich Sauer, Triumph des Gekreuzigten, 13. Aufl., Wuppertal und Zürich 1989)

2) Israels Leidensweg durch zwei Jahrtausende

70	Zerstörung Jerusalems (1100000 Juden getötet, 97000 kamen in Gefangenschaft).
115–117	Die Aufstände der Juden in Mesopotamien, Ägypten, Kyrene und Cypern (Juden und Römer verüben in den blutigen Kämpfen unglaubliche Grausamkeiten aneinander, Hunderttausende von Menschen werden ermordet).
132–135	Der große Aufstand der Juden in Palästina unter Bar Kochba, der sich als Messias ausgab (500000 Juden getötet; Tausende von Gefangenen als Sklaven verkauft).
135	Beginn der Verfolgung der Juden durch den Kaiser Hadrian. (Jerusalem wird als heidnische Stadt wieder aufgebaut; auf dem Tem-

pelberg entsteht ein Jupitertempel; auf dem Golgathahügel wird ein Venustempel errichtet. Den Juden wird das Betreten der heiligen Stadt bei Todesstrafe verboten. Die Beschneidung, das Lesen des Gesetzes, das Essen des ungesäuerten Brotes und das Halten der Festbräuche wird mit dem Tode bestraft.)

315 Konstantin der Große erläßt Gesetze gegen die Juden.

379–395 Theodosius der Große schließt die Juden von allen Ämtern und Ehrenstellen aus und erläßt ein Gesetz, das Zerstörung ihrer Synagogen erlaubt, wenn damit religiöse Zwecke verbunden seien.

613 Judenverfolgung in Spanien. (Alle Juden, die sich nicht taufen ließen, mußten das Land verlassen. Wenige Jahre später wurden die zurückgebliebenen Juden ihres Vermögens beraubt, zu Sklaven erklärt und an christliche Herren verschenkt. Alle jüdischen Kinder von sieben Jahren an wurden den Eltern weggenommen und Christen zur Erziehung übergeben.)

1096 Blutige Judenverfolgungen in Deutschland bei Beginn des ersten Kreuzzuges. (Verkommene Ritter und Abenteurer bekämpften mit beutelustigen Scharen die Juden, »als die nächsten Christenfeinde«. Es kam zu greulichen Schandtaten an Mosel und Rhein, in Regensburg und Prag; allein in den rheinischen Städten sollen 12000 Juden getötet worden sein.)

1121 Vertreibung der Juden aus Flandern; sie sollen solange nicht geduldet werden, bis sie ihre Schuld am Tod Jesu gesühnt hätten.

1130 Den Juden in London wird eine Geldbuße von eineinhalb Millionen Mark auferlegt, weil sie angeblich einen kranken Mann getötet hatten.

1146–1147 Neue Judenverfolgungen in Deutschland bei Beginn des zweiten Kreuzzuges. Der französische Mönch Rudolf ruft dazu auf, den Kreuzzug mit der Ausrottung der Juden zu beginnen. Nur durch das entschlossene Eingreifen des Kaisers Konrad (Nürnberg und einige Festungen der kaiserlichen Erblande werden zu Zufluchtsstätten erklärt), des Erzbischofs Arnold von Köln, des Erzbischofs von Mainz und des bekannten Abts Bernhard von Clairveaux nehmen die Greuel nicht das Ausmaß an wie bei dem ersten Kreuzzug.

1181 Der französische König Philipp August weist alle Juden binnen drei Monaten aus seinem Gebiet aus. Alle beweglichen Güter dürfen verkauft werden, während die unbewegliche Habe dem König verfällt. Nach siebzehn Jahren holt der König die Juden zurück.

1189 Bei der Krönung von Richard Löwenherz in London bricht ganz unerwartet ein Verfolgungssturm gegen die Juden los. Die meisten jüdischen Häuser in London werden verbrannt, und viele Juden kommen ums Leben. – In den folgenden Jahren werden in vielen Städten Englands die Juden beraubt und ermordet. – Es galt der Grundsatz, daß alles Eigentum der Juden dem König gehöre: Richards Nachfolger nahm den Juden in neun Jahren fast achteinhalb Millionen Mark ab.

1215 Das IV. Lateran-Konzil (Lateran = Wohnsitz der Päpste, ehe sie 1378 in den Vatikan übersiedelten) beschließt Bestimmungen gegen die Juden.

1290 Eduard I. vertreibt die Juden aus England. Das bewegliche Eigentum darf mitgenommen werden. 16000 Juden verlassen das Land.

1298 Judenverfolgungen in Franken, Bayern und Österreich. Im fränkischen Städtchen Röttingen bricht der Sturm los, weil die Juden angeblich eine Hostie geschändet hatten. Der Edelmann Rindfleisch behauptete, von Gott den Auftrag erhalten zu haben, die Juden vom Erdboden zu vertilgen. Insgesamt wurden über 140 jüdische Gemeinden zerstört, und mehr als 100000 Juden kamen ums Leben.

1306 König Philipp der Schöne vertreibt die Juden aus Frankreich (fast 100000 Juden verlassen mittellos das Land).

1320 In Frankreich sammeln sich 40000 Hirten zu einem »Hirtenkreuzzug« nach Palästina. Statt zum Kreuzzug kommt es unter dem Einfluß von Verbrechern und Landstreichern zu Raub und Plünderungen. 120 jüdische Gemeinden werden vernichtet.

1321 Die Juden werden beschuldigt, Aussätzige angestiftet zu haben, die Brunnen und Flüsse in der französischen Landschaft Guienne vergiftet zu haben. 5000 Juden sollen deshalb den Feuertod erlitten haben.

1348 Judenverfolgungen in Europa, vor allem in Deutschland. Den Juden wird die Schuld an der Pest zugeschoben. Furchtbare Greuel: In Straßburg 2000 Juden verbrannt; in Mainz fast 6000 Juden ermordet; in Erfurt 3000 Juden umgebracht. In Worms verbrannten sich 400 Juden selbst in ihren Häusern.

1370 Einige Juden in Brabant werden beschuldigt, eine Hostie geschändet zu haben. Die Angeklagten werden lebendig verbrannt und alle Juden aus Flandern verwiesen. Zum Andenken daran feiert die christliche Bevölkerung alle fünfzehn Jahre ein Fest, das zuletzt 1820 stattgefunden hat.

1391 Judenverfolgungen in Spanien. In Sevilla und in über 70 jüdischen Gemeinden kommt es zu grauenhaften Metzeleien.

1394 Die dritte Vertreibung der Juden aus Frankreich. Sie durften ihre Habe mitnehmen, und wanderten hauptsächlich nach Deutschland und Italien aus.

1453 Der Franziskanermönch Capistrano setzt in Polen beim König durch, daß den Juden die

Vorrechte genommen werden, die sie mißbraucht hatten.

1478 Die Inquisition nimmt den Kampf gegen die Juden in Spanien auf.

1492 Vertreibung der Juden aus Spanien (etwa 300 000 Juden verlassen mittellos Spanien).

1497 Vertreibung der Juden aus Portugal. (Auf Druck des spanischen Königs sollten alle Juden, die nicht zur katholischen Kirche übertraten, binnen Jahresfrist das Land verlassen. Da der portugiesische König Manuel die Juden gerne behalten hätte, kam es zu zwangsweisen Taufen. 20 000 Juden wollten auswandern: Ein großer Teil wurde durch Hinterlist daran gehindert und nach Ablauf der Frist zu Sklaven erklärt.)

1516 Erstes Ghetto in Venedig.

1540 Juden werden aus Neapel vertrieben. Zehn Jahre später aus Genua und Venedig.

1593 Papst Klemens VIII. verbannt die Juden aus dem Kirchenstaat. Nur in Rom, Ancona und Avignon werden sie geduldet. Wo die Juden sonst auf päpstlichem Gebiet angetroffen werden, macht man sie zu Galeerensträflingen.

1794 Juden werden in Rußland in besonderen Gebieten zusammengedrängt. Unter Alexander I. (1825–1855) weitere Einschränkungen. Die Juden werden zu einem fünfundzwanzigjährigen Militärdienst gepreßt. Hunderttausende verlassen das Land.

1846–1878 ist Pius IX. Papst. Während dieser Zeit werden im Kirchenstaat alle früheren Ausnahmegesetze gegen die Juden wieder eingeführt.

1881 Neue Verfolgungswelle in Rußland. 1882 besondere Gesetze gegen die Juden. Auswanderungen der Juden nach Amerika. (In 25 Jahren verlassen 3 Millionen Juden Osteuropa.)

1903–1905 werden die Juden in Rußland neuerlich bedrängt. Zahlreiche Juden werden getötet und Hunderttausende geraten ins Elend.

1933 Beginn der Judenverfolgung in Deutschland.

Juden werden durch Beamtengesetz ausgeschaltet. 1. April allgemeiner Judenboykott. – 1935 Rassengesetze verbieten Ehe zwischen Juden und Ariern. – 9./10. November 1938 Kristallnacht. Zerstörung der Synagogen, jüdischer Geschäfte und Wohnungen durch SA und SS. Den Juden wird eine Sondersteuer von 1 Milliarde DM auferlegt. Ausschaltung der Juden aus dem wirtschaftlichen und sozialen Leben. Judenstern, Massenauswanderungen von mehr als 300 000 Juden.

1941 Beginn der Vernichtung der Juden im Osten durch Einsatzgruppen der SS und der SA. Die Zahl der Opfer schwankt zwischen 4 und 5,97 Millionen.

14. Mai 1948 Gründung des Staates Israel.
(nach: Die Tenne 7/1963)

Die beiden schwersten Traumata des jüdischen Volkes sind, nach Ansicht des stellvertretenden israelischen Außenministers Benjamin Netanjahu, die Verwüstung Jerusalems mit der Zerstörung des zweiten Tempels vor fast 2000 Jahren *und* der Holocaust in Deutschland. Das erste Trauma wirke bis heute fort, und so müsse auch der Holocaust gesehen werden.

3) Israel im 20. Jahrhundert

1896 Theodor Herzl (1860–1904) begründet durch seine Schrift »Der Judenstaat« den »Zionismus«.

1897 Erster Zionistenkongreß in Basel.

1901 Herzl verhandelt mit dem osmanischen Sultan über Palästina, dessen israelische Zukunft seine Schrift »Altneuland« (1902) voraussah.

1909 Gründung der Stadt Tel Aviv, von 1948 bis 1980 Hauptstadt des neuen Staates Israel.

1917 »Balfour-Deklaration« mit der Zusage Palästinas als neue nationale Heimstätte für die Juden.

1922 Großbritannien erhält das Völkerbundsmandat über Palästina.

1925 Eröffnung der Hebrew University in Jerusalem.

1947 Die Vereinten Nationen (UNO) beschließen die Teilung Palästinas in ein jüdisches und ein arabisches Staatsgebiet (Jordanien). Jerusalem soll internationalisiert werden.

1948 14. Mai: *Gründung des Staates Israel*

1948/49 15. Mai bis 7. Jan.: Unabhängigkeitskrieg (arabisch-jüdischer Krieg: sechs arabische Staaten kämpfen gegen den Staat Israel).

1949 Aufnahme Israels in die UNO.
8. Nov.: erste Volkszählung: 782 000, davon 713 000 Juden.
20. Nov.: Zahl der jüdischen Bewohner überschreitet eine Million.

1952 Wiedergutmachungsabkommen zwischen der Bundesrepublik Deutschland (Konrad Adenauer) und Israel (Außenminister Moshe Sharelt).

1953 Errichtung der Holocaust-Gedenkstätte Yad Vashem in Jerusalem.
Nachträgliche Verleihung der israelischen Staatsbürgerschaft an die sechs Millionen jüdischen Holocaust-Opfer.

1956/57 Sinai-Feldzug.

1960 Hinrichtung von Adolf Eichmann, einem der Hauptschuldigen an der »Endlösung der Judenfrage«, in Jerusalem.

1965 Aufnahme diplomatischer Beziehungen zwischen Israel und der Bundesrepublik Deutschland.

1966 Feierliche Einweihung des Parlamentsgebäudes (Knesset) in Jerusalem.

1967 5.–10. Juni: Sechs-Tage-Krieg.
28. Juni: Wiedervereinigung von West- und Ost-(Alt-)Jerusalem.

1973 6.–25. Okt.: Jom-Kippur-Krieg.

1975 10. Nov. (Jahrestag der »Reichskristallnacht«): Die UNO verurteilt in ihrer Resolution Nr.

3379 den »Zionismus als eine Form des Rassismus und als rassistische Diskriminierung« (Chaim Herzog spricht von der »Kristallnacht« der Vereinten Nationen).

1979 Unterzeichnung des Friedensvertrages zwischen Israel (Begin) und Ägypten (Sadat) in Camp David im Beisein von US-Präsident Jimmy Carter.

1980 30. Juli: Ganz Jerusalem wird zur »ewigen und unteilbaren Hauptstadt Israels« erklärt.

1981 Besetzung der Golan-Höhen.

1982 Israelische Truppen besetzen zur Sicherung Galiläas gegen palästinensische Übergriffe (PLO-)Stellungen im Süden Libanons.

1985 »Operation Moses«: In streng geheimgehaltener Aktion bringen Israelis über eine Luftbrücke 8000 Juden (Felachen) aus Ägypten nach Israel.

Der deutsche Bundespräsident Richard von Weizsäcker besucht Israel.

1987 Mit Chaim Herzog besucht zum ersten Mal ein israelischer Staatspräsident die Bundesrepublik Deutschland.

7. Dez.: Beginn des Palästinenser-Aufstandes (Intifada) in den von Israel verwalteten Gebieten des Westjordanlandes (Samaria und Judäa) und des Gaza-Streifens.

1988 26. 9. bis 3. 10.: 5000 Christen aus 60 Ländern nehmen am Laubhüttenfest in Jerusalem teil.

9. November: Israel und die Juden in der ganzen Welt gedenken des 50. Jahrestages der Reichspogromnacht in Deutschland (»Reichskristallnacht«).

1990 Januar: Beginn der bisher größten Einwanderung von sowjetischen Juden nach Israel.

15. 4.: DDR-Volkskammer (Präsidentin Sabine Bergmann-Pohl) bittet Israel und die Juden in aller Welt offiziell um Verzeihung.

In Israel leben knapp 5 Millionen Menschen, davon 80% Juden.

4) Die wichtigsten Feste in Israel

Neujahrsfest			
Rosch ha schanah, Tag	(3. Mose 23,24;	1991:	9.–10. 9.
des Posaunenblasens	4. Mose 29,1)	1992:	28.–29. 9.
Versöhnungstag			
Jom Kippur	(3. Mose 23,26–31;	1991:	18. 9.
	2. Mose 30,10)	1992:	7. 10.
Laubhüttenfest			
Chag hassukkōt	(3. Mose 23,34;	1991:	23.–30. 9.
	4. Mose 29,12–38;		
Fest der Lese	2. Mose 23,16;	1992:	12.–19. 10.
	34,22; 5. Mose 16,13)		
Torafreudenfest		1991:	1. 10.
Simchat Tora		1992:	20. 10.
Fest der Tempelweihe	(Lichterfest)	1991:	2.–9. 12.
Chanukka		1992:	20.–27. 12.
Fest der Befreiung	(von den Persern;	1992:	19. 3.
Purim (Losfest)	Esther 9)	1993:	7. 3.
Passa-Fest			
Chag hammazzōt,	(2. Mose 12,3–20;	1992:	18.–25. 4.
Fest der ungesäuerten	3. Mose 23,6;		
Brote	5. Mose 16,8)	1993:	6.–13.4.
Pfingsten	(Wochenfest)		
Chag schābūʾōt	(2. Mose 23,16; 34,22;	1992:	7.–8. 6.
Fest der Ernte, der	3. Mose 23,15;		
Erstlinge	4. Mose 28,26)	1993:	2.–27.6.

Die Feste werden im Alten Testament als »Festzeiten des HERRN« bezeichnet (3. Mose 23,2.4). Das Wort chag, »Fest«, wurde fast nur für die drei großen Wallfahrtsfeste verwendet: Laubhütten, Passa und Pfingsten. Im Neuen Testament wird die heilsgeschichtliche Deutung der Feste fortgesetzt und auf das endzeitliche Christusgeschehen bezogen. Die biblischen Festtage werden nach dem *jüdischen* Kalender gefeiert. Das Jahr beginnt im September/Anfang Oktober. Der Tag beginnt bei Sonnenuntergang am Vorabend und endet bei Sonnenuntergang des folgenden Tages.

5) Die Staats- und Ministerpräsidenten in Israel

Die Staatspräsidenten:

Chaim Weizmann (1949–1952)
zionistischer Staatsmann und weltweit bekannter Wissenschaftler

Jitzchak Ben-Zwi (1952–1963)
Pionier und Forscher alter jüdischer Gemeinden

Zalman Schazar (1963–1973)
Historiker, Schriftsteller und Dichter

Ephraim Katzir (1973–1978)
international anerkannter Biochemiker

Jitzchak Nawon (1978–1983)
Erzieher und Schriftsteller

Chaim Herzog (seit 1983)
Jurist, General, Diplomat und Schriftsteller

Der Staatspräsident, hebr. Nassi, trägt den historischen Titel des Vorsitzenden des Synhedrions, der Versammlung jüdischer Schriftgelehrter, die bis zum 5. Jahrhundert Oberster Gerichtshof und Legislative zugleich war. Sein Amt genießt hohes Ansehen. Die Kandidaten für das Präsidentenamt werden auf Grund ihrer Persönlichkeit und ihrer Leistungen für den Staat vorgeschlagen.

(Nach: Israel, das politische System, Jerusalem 1988)

Die Ministerpräsidenten:

David Ben Gurion	(1948–1953)
Moshe Sharett	(1953–1955)
David Ben Gurion	(1955–1963)
Levy Eschkol	(1963–1969)
Golda Meir	(1969–1974)
Jitzchak Rabin	(1974–1977)
Menachem Begin	(1977–1984)
Shimon Peres	(1984–1986)
Jitzchak Schamir	(seit 1986)

6) Nationalhymne des Staates Israel (Hatikvah)

כָּל עוֹד בַּלֵּבָב פְּנִימָה	Solange im Herzen darinnen
נֶפֶשׁ יְהוּדִי הוֹמִיָּה,	ein jüdisches Fühlen noch taut,
וּלְפַאֲתֵי מִזְרָח קָדִימָה	solange gen Südost zu den Zinnen
עַיִן לְצִיּוֹן צוֹפִיָּה,	von Zion ein Auge noch schaut.
עוֹד לֹא אָבְדָה תִּקְוָתֵנוּ	Solange lebt die Hoffnung auf Erden,
הַתִּקְוָה מִשְּׁנוֹת אַלְפַּיִם,	die uns 2000 Jahre verband.
לִהְיוֹת עַם חָפְשִׁי בְּאַרְצֵנוּ,	Daß ein Freivolk wir wieder werden
בְּאֶרֶץ צִיּוֹן וִירוּשָׁלַיִם.	in Zion, Jerusalems Land.

Erich Sauer

Der Triumph des Gekreuzigten
Ein Gang durch die neutestamentliche Offenbarungsgeschichte

248 Seiten, Taschenbuch, »Wiedenester Reihe«, Best.-Nr. 21403

Das besondere Thema von Erich Sauer, dem theologischen Lehrer und Leiter der Bibelschule Wiedenest, war die biblische Heilsgeschichte. Seine Bücher sind in hohen Auflagen und in vielen Ländern, darunter auch asiatischen und afrikanischen, erschienen. Die meiste Beachtung hat »Der Triumph des Gekreuzigten« gefunden. Er ist ein Gang durch die gesamte neutestamentliche Offenbarungsgeschichte. Damit führt der Verfasser in die heilsgeschichtlichen Zusammenhänge und in die Glaubensinhalte des Neuen Testamentes ein.

Ernst Schrupp war zehn Jahre Mitarbeiter von Erich Sauer und nach dessen Tod im Jahre 1959 dessen Nachfolger in der Leitung des Missionshauses Bibelschule Wiedenest. Er hat miterlebt, wie sich Erich Sauer in ganz besonderer Weise für die endzeitliche Entwicklung Israels in unserer Zeit interessierte. In »Triumph des Gekreuzigten« führt er den biblischen Nachweis von der Rückkehr und Sammlung des Volkes der Juden im Land Israel, von seiner Bekehrung zu dem Messias Jesus Christus und von seiner Berufung als »Gottes Missionar in der Völkerwelt«. Er deckt den Grundfehler einer Schriftauslegung auf, die an der biblischen Wahrheit von der kommenden Königsherrschaft Gottes, dem Reich Gottes auf dieser Erde, vorbeisieht. Die urchristliche Hoffnung auf dieses Reich steht auf einem biblisch »unerschütterlichen Felsengrund«.

R. BROCKHAUS VERLAG WUPPERTAL UND ZÜRICH